超越竞争优势

BEYOND COMPETITIVE ADVANTAGE
How to Solve the Puzzle of Sustaining Growth While Creating Value

新时期的持续增长战略

[美] 托德·曾格（Todd Zenger）◎著　郭海◎译

中国人民大学出版社
·北京·

译者序

最早了解本书的思想还是在阅读学术文献时。托德·曾格（Todd Zenger）教授也许称不上是最多产的战略学教授，但绝对是一位见解独到的战略思想家。他在企业理论、公司战略等方面的研究不仅极富思想洞察力，而且兼具实践指导价值。

战略管理作为一门独立学科已经走过了半个世纪。它兴起于20世纪60年代，肯尼斯·安德鲁斯（Kenneth Andrews）、阿尔弗雷德·钱德勒（Alfred Chandler）、伊戈尔·安索夫（Igor Ansoff）等前辈将商业战略这门课程和学说引入到商学院中；崛起于20世纪80年代，哈佛商学院的迈克尔·波特（Michael Porter）教授创造性地将产业组织思想引入到战略研究中，并提出了至今被企业家奉为圭臬的定位理论；自20世纪90年代开始，资源基础观、动态能力理论等战略观点相继问世，战略管理研究日渐繁荣兴盛起来。

然而，时至今日，企业战略理论还是围绕"竞争优势"这一核心概念构建起来的，在波特教授定位思想的指引下，我们的企业家使出浑身解数寻求那个竞争对手无法模仿的战略定位。但问题是，所有竞争优势都是暂时的，任何所谓独特的战略定位都无法让一家企业一劳永逸，何况投资者对企业增长的期待永远超乎想象。正如这本书的书名一样，它的价值就在于提出了一种超越竞争优势的公司战略理论。作者认为，公司战略的目的并不是追求所谓的竞争优势，而是让企业能够持续创造价值。本书通过对戴尔、沃尔玛、西南航空、迪士尼、苹果、AT&T、米塔尔钢铁、通用磨坊、孟山都等案例的解读，深刻剖析了这些企业的成功密码，完整诠释了其所提出的公司理论。需要特别说明的一点是，本书意在阐述一个好的公司理论对企业持续创造商业价值的意义，并不涉及道德层面的讨论。现实情况是，像孟山都这样的企业，同时还面临商业伦理的考验。因此，我坚信，再好的公司理论都应该建立在符合伦理道德的基础之上，做正确的事比正确地做事更重要。

按照我的理解，作者所提出的公司理论提供了几个独到见解。

第一，价值创造比竞争优势更为重要。对于一家业务简单的公司来说（比如初创企业），寻求一个独特的市场定位以建立竞争优势至关重要；但如果这家企业希望持续成长，就需要不断寻找新的业务增长点，以满足投资人的"蛮不讲理的增长期待"。因此，从公司

译者序

战略的角度看，持续创造价值远比建立一时的竞争优势更为重要。由此可见，一家企业想要保持"基业长青"谈何容易。

第二，企业家需要培养三种战略能力。作者在自己提出的一套公司理论中，明确指出了三种与战略密切相关的能力：前瞻视角（foresight）、内部视角（insight）和交叉视角（cross-sight）。具有前瞻视角的企业家能够清晰地感知到来自未来的发展机遇，甚至能够想象出十年或二十年以后的行业景象，从而为企业发展指明方向；内部视角帮助企业家深刻理解自身的资源和能力禀赋，特别是对自身的独特性做出准确判断；交叉视角的作用就在于通过整合前瞻视角和内部视角，积极开发或从外部寻求互补性的资源和能力以抓住未来增长机遇。

第三，持续价值创造是一个不断寻求匹配以创造协同的过程。公司战略的核心思想是创造业务之间的协同。其实这并不是一个新鲜观点：现有的公司战略理论不仅认识到协同的作用，而且已经明确了企业创造业务间协同的核心逻辑。然而，本书的独到之处在于，通过构建一个以前瞻视角、内部视角和交叉视角为支柱的公司理论体系，生动诠释了企业家运用三种战略能力创造协同的具体过程和操作步骤。"坐而论道，不如起而行之。"如果说传统公司战略理论侧重于"道"，本书则通过"道术结合"践行了王阳明先生的"知行合一"思想。

第四，公司战略理论的执行与制定同样重要。按照作者的观点，一个好的公司战略理论往往是独特的、复杂的，这样的理论不太容易被员工、投资人等利益相关者所理解。在执行过程中，企业会面临"道德风险""独特性悖论""战略决策选择""关系策略选择"等一系列难题。总之，好的公司理论还得加上好的执行才能保证企业能够持续不断地创造价值。

本书的出版得到了中国人民大学出版社马晓云老师的鼎力支持，没有她的包容、鼓励和帮助，这本书不可能面市，在此向她表示衷心的谢意。特别要感谢钮跃增所做的专业翻译和校译工作，他的努力保证了这本书的阅读体验。我的两位博士生师瑜、周曦曦承担了大量前期翻译工作，在此一并向她们表示感谢。翻译是一门很专业的学问，本人才疏学浅、知识有限，难免还会有所疏忽，造成纰漏，还恳请广大读者多多批评指正。

郭海

中国人民大学商学院副教授、博士生导师

中文版序

我的新书《超越竞争优势》(*Beyond Competitive Advantage: How to Solve the Puzzle of Sustaining Growth While Creating Value*)中文版即将出版,没有比这更令我激动的事了。我相信,对这个主题的讨论恰逢其时。我于1990年第一次访问中国,当时主要去了北京和上海两个城市,返回时,我脑海中留下了许多记忆,但最为生动的记忆有三个。第一,当时我目光所及之处,完全看不到广告;第二,我记得当时在北京几乎看不到什么高楼;第三,站在上海的码头上,眺望扬子江,我非常吃惊另一岸竟然有那么广阔的未开发区域。12年之后,我再次来到中国,中国的变化之大给我留下了深刻的印象,此时的中国经济体,广告遍布街头,基础设施极大发展,一个全新的经济区域(浦东新区)在上海扬子江岸拔地而起。在接下来的16年中,我持续地来到中国访问,主要是在复旦大学-华盛顿大学 EMBA 项目中授课，这些经历使我见证了中国持续的巨大变革。

然而，如今的中国站在另一个分界点上，面临着新的挑战。这个新的挑战就是企业如何才能在获得快速和巨大的增长后保持继续增长，尤其是在中国经济已经成熟的大背景下。坦白说，这项任务困扰着全球许许多多的战略领导者，大量企业发现自己价值增长停滞，无力获得持续增长，本书将告诉战略领导者如何有效地跨越这一挑战。本书的核心是，战略领导者应如何构建一套公司价值理论并在这套理论的指导下确定战略行动——包括兼并和收购、资本分配、自有和外购决策、组织设计、领导力。书中提供了实用的建议和说明，帮助企业构建并用好公司价值理论。

书中的概念来源于我多年来围绕这一主题展开的研究和教学工作。我很大一部分的教学工作是在中国，教学对象是年轻的企业管理者们，我的课程帮助他们在管理层级中快速上升，无论是多国公司还是国企。我相信书中的理念将进一步发酵并引发更大范围的共鸣，希望你们喜欢这本书，在应对公司实现持续增长和价值创造这一挑战的过程中，希望本书能帮到你们。

托德·曾格
于美国犹他州盐湖城，2019 年 2 月

前　言

战略管理成为商学院的一门课程，还是近些年的事情。1980年和1985年，迈克尔·波特（Michael Porter）教授的两部著作《竞争战略》（*Competitive Strategy*）和《竞争优势》（*Competitive Advantage*）相继出版，这标志着战略作为一门独立学科在商学院生根发芽。这两本著作创造性地将产业组织学的思想转化为适用于企业管理的工具和逻辑，并将"竞争优势"牢牢确立为战略家追求的核心目标。根据波特教授的战略理论，企业通过寻找并占据独特的市场定位以创造竞争对手无法企及的超额利润。几十年来，商学院的战略课程教学都是围绕上述观点和概念展开的。

1996年，我开始教授一门叫作"公司战略"的课程。这门课程的目标在于发展一种超越"竞争优势"的战略思想。该课程传递的理念是，企业应聚焦于追求增长以及持续创造价值，而非追求一时的独特定位。然而，关于公司战略这一主题，可借鉴的教学资料非常匮乏，只有一些相关性不太强的资料提供零星的指导，但缺乏核心思想。遗憾的是，这一情形至今仍未改观。讲授这门课程的教授们努力整合与公司战略有关的资源。比如，他们构建了垂直整合方面的决策逻辑，在投资管理、并购和组织设计等方面也能给予一些指导。但是，远不像商业战略课程那样有成熟、完整的逻辑体系，公司战略理论仍旧处于分散化、碎片化的状态。

不仅如此，很快我就发现，教授公司战略课程的挑战比想象的更大，因为企业管理者对其有迫切的需求。公司战略的话题能够引起管理者的强烈共鸣，因为他们将持续创造价值的增长模式视为自身所面临的主要挑战，然而他们同时为缺乏有效的公司战略理论和方法论指导而感到万分沮丧。

正是由于商学院的教授和管理思想领袖能提供的关于持续价值创造的理论严重匮乏，本书才得以诞生。相对于市面上流行的讨论此类话题的商业书籍而言，本书遵循了一条完全不同的轨迹：本书并不囿于从一些成功企业的实践中总结经验（尽管它提供了丰富的案例），而是面向思想深刻和抱负远大的战略家，书中所采用的方法很容易让人联想起波特当初将产业组织学转化为可用于企业实践的工具和逻辑的思路。尽管波特对逻辑合理且经过验证的研究进行了提取和综合，并将之发展成为令人信服的实践框架和方法，但他并

前言

没有提供简单的答案。相反,他突出了对关键问题和不同答案权衡的讨论,并将结构化方法引入战略思维中。这样做的结果是,波特教授为企业管理者追求竞争优势提供了强有力的推理逻辑。

写作本书的目的是通过转化、阐明和综合一系列组织经济学领域的学术成果,来回答下面这个问题:企业应该如何通过不断组织和配置其资产、安排其经营活动以持续创造价值?幸运的是,我有丰富的学术文献可供参考,这其中有一些是我自己的成果,但大部分取自他人,其中不乏诺贝尔经济学奖获得者。令人惊讶的是,这些文献的用词和逻辑与企业管理者的实践用词和逻辑大相径庭。我的贡献就在于,通过综合和转化以往的研究成果,阐述了一套更具普适性、更一致的"公司战略"语言范式和逻辑体系,最终目的是为有思想、有抱负的战略家在发展和保持有效的增长战略方面提供指导。

这本书传递的核心思想是,一个追求持续价值创造的战略家所需要的并不仅仅是一张战略定位图,还需要关于价值创造的公司理论,它能够为战略定位的选择和各种战略活动的安排提供持续指导。正如科学家深厚的理论功底让他知道要做什么样的实验一样,成熟的公司理论能够告诉我们要做哪些战略实验,也就是说,公司理论能够告诉我们应做出哪些战略选择。优秀的公司理论揭示优秀的战略,即更能够为企业带来成功的战略。此外,公司理论能帮助战略家将持续创造价值这一任务提升到一个新的高度，从过去针对并购、投资、设计、融资和领导力方面分别进行决策，到现在基于整合的逻辑做出统一的一致决策，从而将分散的企业管理逻辑变得协调一致。本书阐明了有效的公司理论的基本属性，将其与组织经济学的宝贵思想相结合，并且重点强调了公司理论在价值创造中的作用。读完本书以后，您将拥有清晰的战略思维，并在这种思维的指导下带领组织超越竞争优势，实现持续价值创造。

目　录

导　论 / 1

"竞争优势"的局限性 / 3

蛮不讲理的增长期待 / 6

商业畅销书与企业未来业绩 / 7

战略是夸夸其谈吗？/ 8

公司理论的概念界定 / 10

全书内容概览 / 13

第一部分　构建公司理论

第一章　前瞻视角、内部视角和交叉视角 / 17

迄今为止最伟大的理论 / 19

战略的三个"视角"/ 26

当理论指导战略：史蒂夫·乔布斯的价值创造理论 / 30

当战略缺乏理论支撑：美国电话电报公司 / 35

本章要点 / 39

第二章　不可或缺的独特性 / 41

不过是场拍卖 / 43

赢家的诅咒 / 45

协同效应的奥秘 / 47

"独特性"至关重要 / 51

出售的优点和购买的风险 / 53

实证研究的教训 / 55

在理论指导下开展投资活动 / 57

本章要点 / 63

第三章　道德风险还是柠檬问题 / 64

道德风险：经理人是恶棍 / 67

柠檬问题：当市场失灵时 / 69

战略悖论 / 73

证券分析师和高分析成本折价 / 78

经理人如何应对柠檬问题 / 81

本章要点 / 85

目 录

第二部分 价值整合

第四章 自有还是外购 / 89

 市场的奇迹 / 92

 整合的优势 / 98

 非此即彼的选择 / 100

 自有和外购的长期选择 / 102

 本章要点 / 104

第五章 建立外部合作关系 / 105

 联盟经济 / 106

 信息革命 / 109

 选择的尴尬 / 113

 做出正确的选择 / 115

 不稳定的动态变化 / 122

 本章要点 / 124

第三部分 价值驱动

第六章 组织的动态设计 / 129

 没有最适合的组织设计 / 131

复杂性挑战 / 134

动态设计的逻辑 / 139

动态设计的方法 / 141

本章要点 / 148

第七章　引领公司理论 / 150

构建理论 / 153

推销公司理论 / 156

掌控组织动态 / 158

注　释 / 163

导　论

　　无论商学院所讲授的还是企业所实践的商业战略，其基本原理都很简单：发现、锁定而后占据有吸引力的市场定位以在市场中获取持续竞争优势。要获得这种战略地位，企业必须能够为顾客创造独特的价值或者能以非常低廉的成本创造通用价值，而这取决于有效的资源配置和活动安排。定位学派的战略思想在全球商学院的战略课程中占据主流地位。竞争对手无法模仿和采纳的战略地位为企业带来源源不断的利润。

　　战略定位观的挑战在于，投资者对企业发现、占据和维护独特的战略定位的活动仅予以一次性回报。一旦这一战略地位的价值兑现以后，投资者就会转而索取更多回报，要求企业拓展其现有优势，抑或创造新的优势（往往这是投资者更希望实现的）。在评估企业价值时，过往业绩并没有那么重要。事实上，在股票市场上，凭借市场定位占据领先优势但股价却表现平平的公司比比皆是。这些公司固然值得赞扬，因为它们用战略性的前瞻视角创造并成功捍卫了其竞争优势。遗憾的是，投资者对公司历史却漠不关心。因此，对于企业管理者而言，目标并非简单地获得稳定的、能够产生现金流的市场地位，而是寻找到能够持续地以新的方式盈利和增长的战略路径。

为帮助企业管理者达成这一目标，本书将"公司理论"表述为一种方法，它为企业管理者和决策者提供超越"竞争优势"的思考框架，以帮助他们在应对不断变化和充满挑战的外部环境的过程中实现持续价值创造。作为一个科学理论，公司理论的目标是帮助企业尽最大可能寻找有价值的战略路径，同时尽量避免走弯路。因此，有效的公司理论能够为战略决策者提供指导，要么满足投资者对上市公司股价攀升的狂热期待，要么改善投资者对非上市公司的价值评估。

公司理论并非充斥着晦涩难懂的方程式和学术术语的抽象构念，而是对企业长期价值积累和竞争优势构建过程的叙述、解释和形象

导 论

的呈现。幸运的是，作为人类，我们确实擅长理论构建，用哲学家查尔斯·桑德斯·皮尔士（Charles Sanders Peirce）的话说，"……（想象）某种正确理论的天赋"[1]。当然，这些理论并不一定都是好的、正确的，但确实都是逻辑通顺的，而且其中确实有一些闪耀着人类智慧的光芒。

接下来，我将详细地解释引入"公司理论"这一概念的必要性。

"竞争优势"的局限性

戴尔、沃尔玛和西南航空最初的商业战略都是开创性的，这一点毋庸置疑。这些公司均在竞争激烈的行业中赢得了强有力的优势地位。然而，最近十几年来，它们一直致力于发掘和创造全新的，或至少是尚未被投资者识别到的价值源泉。简要回顾一下这些公司对于创造价值所做的艰辛努力便不难发现，它们在持续价值创造方面的确面临着极大的挑战。

沃尔玛的早期成功得益于一种聚焦于小城镇、以地区为单位构建密集零售店网络的策略。在这些小城镇内，沃尔玛不仅是唯一能够提供折扣商品的零售商，而且拥有能支撑密集而庞大的零售店网络的地区性物流体系，再加上广告、定价和信息技术的投资，这一切确保了它的低成本定位以及零售店的库存契合当地需求。然而，尽管沃尔玛拥有强有力的市场定位并成功执行了这一战略，其股票价格自1999年以来却并未获得显著增长。虽然在当年12月，沃尔玛的股价曾一度冲上每股65美元的高点，而且公司收入持续增长，但自那以后的13年里，沃尔玛的股价一直在40~50美元徘徊。直到近几年，才又有再现1999年辉煌的势头。沃尔玛的持续成功战略已经在很久以前被投资者通过股价给予了认同。因此，要快速提升股票市场价值，沃尔玛需要找到一种能够获得全新的、超乎期待的增长源泉，比如展现出在全球实施大规模盈利性扩张的能力。

西南航空的故事也大同小异。在过去数十年中，它保持了一个优势的、成熟的战略地位。与沃尔玛类似，为了区别于同行业竞争对手，西南航空整合了彼此高度互补的各项活动，这使它获得了竞争对手无法复制的战略地位，实现了差异化的成本优势。然而，西南航空的股价停滞不前竟达十年之久。自2000年12月公司股价突破每股22美元以后，直到2014年才又回归到同一水平。最近，燃油价格的下跌推高了对整个航空业的估值，但在这之前的15年内，市场一直在期待一个崭新的、超乎期待的增长源泉。

戴尔在20世纪90年代所确立的优势早已成为明日黄花。通过实施一整套独特的经营举措，戴尔曾经急剧压缩零部件和成品的库存，避免了至少每月5%的折旧损失。通过削减这些费用，戴尔获得了持续的成本优势，其竞争者难以复制，戴尔的资产总额因此获得了急速增长。然而，迈克尔·戴尔（Michael Dell）也无法摆脱投资者对于全新的、超乎期待的价值增长源泉的期待。更为严重的是，他唱衰苹果电脑的公开声明令戴尔的处境雪上加霜。在1996年的一次国际性IT会议上，当记者问道，如果他是竞争对手苹果公司的老板，他将会怎么做的时候，迈克尔·戴尔很冒失地宣布他将会出售苹果电脑的全部资产并将其关闭。这使得戴尔公司停滞了十年的股价迅速下跌。与此同时，苹果公司完成了从计算机制造商到横跨消费电子产品、音乐零售和移动电话三界巨头的转变，获得了价值的迅猛增长。

上述三个故事传达了同一个观点：通常被视为高明的商业战略带来的竞争优势并不能保证持续价值创造，而这才是大部分企业及其股东的终极追求。沃尔玛、西南航空和戴尔公司都在为突破它们现有的极具价值的战略地位而苦苦挣扎，试图按照同样的逻辑另寻出路。持续价值创造的需求使得战略家的工作变得异常艰难。设计出有效商业战略的企业本就凤毛麟角，而能够实现持续价值创造的企业更是寥寥无几。想要重复一个绝妙的商业战略何其艰难！

不仅如此，诸如沃尔玛、戴尔和西南航空等企业所建立的强大竞争优势往往最终会演变为一种束缚。正如迈克尔·波特所指出的："追求增长的努力会模糊独特性，制造妥协，降低适应性，最终损害竞争优势。事实上，对增长的需求会对战略造成威胁。"[2] 简言之，通常作为战略课程支柱的战略定位理论，不仅不能为企业寻找价值创造的新源泉提供有效指导，而且战略定位思想本身并不鼓励价值增长，因为这会威胁到企业已经形成的战略定位。所以尽管战略定位理论意识到了经营者们所遭遇的困境，但除了"做鸵鸟"以外，它给不了实质性的战略指引。

蛮不讲理的增长期待

"鸵鸟"策略并不能让企业在资本市场上过关，因为投资者总是追求全新的、超乎期待的价值。而且，这种全新的价值必须能够带来复合型增长：明天的惊喜一定要超越昨日的辉煌。让我们回顾一下通用电气公司自2001年9月杰克·韦尔奇（Jack Welch）退休之后的僵化局面。在过去的20年中，通用电气公司为股东创造了51倍的价值增长，市场对于该公司未来的增长率仍然怀有巨大的期待。从这种令人望而生畏的期待中所得到的结论显而易见：接杰克·韦尔奇的班是一个多么糟糕的选择！

加州大学洛杉矶分校的理查德·鲁梅尔特（Richard Rumelt）教授对这种使CEO们陷入困境的增长期待现象做出了巧妙的阐释。他说，我们评估CEO价值的方法和老师为学生的期末成绩评级的方法如出一辙，都与预期高度相关。[3]如果一个学生被预期能得95分而实际却只得了80分，那他就会被评为"D"；而一个预期只能得70分的学生，如果得了80分，那他就能被评为"A+"。听起来很荒谬,但是正如鲁梅尔特指出的,这恰恰是我们评估 CEO 业绩的方法。[4]过去的业绩所建立的期待定义了现在的价值。如果这种期待值足够高,就会使当前完成业绩增长的任务变得异常艰难。

商业畅销书与企业未来业绩

雪上加霜的是,以往在持续价值创造方面获得的成功并不能为未来业绩提供指导。让我们来看看以"卓越企业"为主题的商业畅销书中所宣扬的大部分成功企业。这些企业或成功地为股东创造了价值,或通过其他措施保持了高水平财务绩效。这些书籍会选择一些典型企业,然后大肆宣扬它们的成功历程。

举例来说,1982 年,麦肯锡公司的两名咨询顾问汤姆·彼得斯(Tom Peters)和罗伯特·沃特曼(Robert Waterman)出版了《追求卓越》(*In Search of Excellence*)一书,书中考察了20 世纪六七十年代作为成功的价值创造者的 43 家企业。彼得斯和沃特曼列举了这些公司的共同点。[5]尽管他们所提出的一些理论原则和实践经验为市场所认同,但这些公司在该书上市后的业绩表现证实了我们担心的那一点,即持续价值创造令历史上表现优秀的管理团队不堪重负。自 1984 年开始,也就是在该书首版上市不足 3 年的时间,这些"卓越企业"不断下滑的业绩甚至引起了热门媒体的注意。在同一年,《商业周刊》(*Business Week*)报道说,几乎 1/3 的"卓越企业"陷入了严重的财务困境。[6]

1994年，吉姆·柯林斯（Jim Collins）和杰里·波勒斯（Jerry Porras）注意到了另一批成功企业，并且出版了另一本畅销书，即风靡一时的《基业长青》（*Built to Last*）[7]。运用一个简洁的框架，他们将18家长寿型且被CEO们看好的公司和另外18家长寿型但不被看好的公司做了对比。在该书出版的时候，被看好的公司的过往业绩确实可圈可点，但该书上市后，这些公司的后续业绩就表现平平，基本接近道琼斯工业平均指数。2001年，柯林斯写了续篇《从优秀到卓越》（*Good to Great*），同样列举了11家过往15年中在市场中业绩表现突出的公司。[8]2001—2007年，11家公司中的3家市值锐减，1家停滞，还有1家被收购。再一次，这11家公司的整体绩效跌到了道琼斯工业平均指数的水平。

以上发现与麦肯锡最近的一项研究结果不谋而合：1994—1997年增长率超过15%的公司，几乎半数在接下来的10年中增长率都不超过5%。[9]尽管这些公司的经营困境无法抹杀它们过往的辉煌业绩，但这的确生动描述了一个事实，那就是，对一家公司而言，即使过往取得了令人瞩目的成绩，持续创造价值也绝非易事。

战略是夸夸其谈吗？

竞争优势是战略的一个核心概念，然而对这一观点的质疑之声

导　论

已甚嚣尘上。起初，很多评论家指出，随着商业、科技和社会日新月异的进步，竞争优势变得越来越短暂。新的进入者利用完全不同的模式和难以想象的低廉成本将行业巨头拉下宝座，这种事情屡见不鲜。在这样的环境下，谈及勾画未来的商业版图，竞争优势似乎变成了一个过时的概念。取而代之的是，人们将焦点转移到发展动态战略（dynamic strategy）上来，希望它能够帮助企业在这瞬息万变而竞争惨烈的市场环境中取胜。

然而，"动态战略"学派自身遭遇了滑铁卢：一些该学派的追随者最后认定（至少是暗示），战略不过是对客户需求变化做出快速反应而已。事实上，战略绝不应被简化为一种反应，指引方向才是战略的实质。企业制定战略因为它们视自己正在进行一段旅程。只是简单地驾船出海，要去哪儿听天由命，这绝不是正确的企业经营之道。要让员工为你的企业奉献力量，要争取投资者为你的想法买单，你要拿出比"反应哲学"更多的东西才行得通。在不确定的环境中培养应变能力当然关乎企业存亡，对于更新已近风烛草露的竞争地位也很关键，但它并不能代替战略本身。

除动态战略外，战略的另一主流观点，即后竞争优势（post-competitive advantage）观也遇到了类似的问题。该观点认为，在不断变化的商业世界里，企业需要通过试验探索成功的路径。流程很简单：开展试验，取得反馈，然后据此行动。该学派认为，相对于思考的过程，快速行动才是最终决定成败的关键。与反应能力类似，开展试验也是持续创造价值的关键。然而，试验本身或多或少具有随机性，它能够揭开持续价值创造奥秘的可能性非常低。为了让试验能够真正产生价值，首先要选对试验，而这需要指导思想。在这方面，科学探索的路径可以为我们提供一些参考：并非实验的节奏或次数点燃了科学发现的火花，而是理论的质量决定了科学家的选择。想想太空探索吧，太空浩渺无垠，所以开始一趟随机的探索之旅并不能发现什么，或者至少不会太快发现什么。不仅如此，一般来说，开展试验所需的成本不菲，漫无目的的试验会在真正有价值的发现产生之前耗光你的一切。

从某种意义上说，商业世界也是如此。有效的试验能够验证理论，有效的战略试验和有效的科学实验一样需要科学理论的指导。公司理论恰恰就是这样的理论。

公司理论的概念界定

那么究竟什么是公司理论呢？我把它定义为**一套逻辑，企业管理者反复利用这套逻辑从一系列资产、活动和资源的集合中识别出那些能够为公司创造价值的互补性组合**。从这个意义上说，公司理论提供了一个预测性框架，帮助公司判断不同的战略行动如何在可预见的未来为其创造价值。公司理论通过允许强有力的思想试验和反事实推理，使公司能够在做出昂贵投资决策之前就预测到战略结果。

公司理论可以帮助企业明确一系列需要优先解决的客户问题（想想苹果公司的例子），从而指导其后续的资源配置和活动安排；公司理论可以帮助企业发现那些有价值的外部资产，对于该企业来说，它有独特的优势发挥这些资产的价值（想想丹纳赫公司是如何进行收购评估的），从而使低价收购成为可能；公司理论还可以帮助企业发现那些被忽视的宝贵投资机会（如投资农业生物科技领域的孟山都公司），这样企业可以在竞争对手反应过来之前就进军这些投资领域。更重要的是，公司理论能够帮助企业揭示拟收购的外部资产、需要解决的客户问题以及计划进行的外部投资之间的互补性关系，进而通过建立匹配达到事半功倍的效果。从某种意义上说，公司理论并非战略本身，至少它不是人为设计出来的定位或者竞争优势。相反，它是对不同战略选择所提供的指导，是多元战略的集合，是战略的战略。

公司理论的威力通过其所产生的战略效果呈现出来。有效的公司理论必须是独特的，能够指引企业走一条竞争对手想象不到或无法效仿的发展道路。公司理论从三方面开阔企业管理者的视野：第一，它提供一种富有远见的**前瞻视角**，帮助企业预测相关行业、技术和顾客需求的未来发展趋势；第二，它提供一种富有洞察力的**内**

部视角，帮助企业识别其所拥有的具备持久独特性的资产、资源和活动；第三，它提供一种富有创造力的**交叉视角**，帮助企业识别各种存在于企业内外部资产、活动和资源之间的互补性模式（patterns of complementarity）。在第一章中，我们将基于公司理论研究迪士尼公司的案例，深刻剖析以上三种视野在迪士尼公司的应用。为了加深对公司理论相关概念的理解，我们首先简单描述一下迪士尼的理念：

> 迪士尼相信，那些在栩栩如生的虚幻世界中创造出的、通过动画呈现出来的高贵迷人的角色，对儿童和成年人都有巨大而持久的吸引力（前瞻视角）。迪士尼通过创作家庭友善的动画和真人电影（内部视角），并在此基础上投资一些既能为电影中的卡通角色和形象提供支持又能从中获取价值的娱乐资产（交叉视角），形成一种竞争者无法企及的能力，从而创造持续价值、实现增长。

如今，迪士尼的理念已经获得了广泛认可。但是，在20世纪四五十年代，它是独树一帜的，能够认识到它的价值的人寥寥无几。更重要的是，即使人们真的认识到了它的价值，成功复制这种做法也是不可能的，因为支撑其实现的那些资产同样无法复制。迪士尼曾经在这个理念指导下走过了70多年，这期间开展的战略试验中，

导 论

遭遇过一些失败,但是大部分都成功了,并且创造了一系列商业奇迹。

全书内容概览

在接下来的部分,我将揭示公司理论的概念和应用现状,重点阐释它对于持续价值创造的重要意义,并且探索它对于公司进行战略选择所发挥的核心作用。本书共分为三部分。

第一部分讨论公司理论的构建。第一章描述公司理论的概念,以及有效的公司理论的核心属性。第二章重点讨论"独特性"对构建公司理论的至关重要的意义,以及这种独特性在持续价值创造中所发挥的作用。第三章检验了一个悖论,即最有效的公司理论往往最难获得投资和融资支持,同时也提供了这个悖论的解决方案。

第二部分考察在整合利用企业资产和资源组合以创造价值的过程中所面临的挑战。第四章解释"自有还是外购"(make or buy)决策背后的逻辑,并阐述公司理论在其中发挥的作用。如何处理资产、活动和企业外部合作伙伴之间的关系?有很多种方式。接下来的第五章重点探讨公司理论在最优方式选择过程中所起的作用。

第三部分将目光转向内部组织以及企业的领导层。第六章探讨在持续价值创造过程中组织设计的作用,尤其强调了根据公司理论动态地开展组织设计的必要性。第七章则重点强调了战略领导者在

13

构建和验证价值创造理论过程中扮演的核心角色。

　　读完本书,你应该对公司理论有了清晰的认识;能够理解它对于企业构建、收购和获取那些能够实现持续价值创造的资产和资源的重要意义;并且能够把握将公司理论投入实践时如何应对组织设计和领导力方面存在的挑战。虽然本书突出强调了有效公司理论的关键要素,但它并未解释构建公司理论的过程。这些过程具有环境独特性,甚至个体独特性。尽管如此,了解如何区分公司理论的优劣,认识公司理论如何指导一系列实施决策,是你构建自身公司理论的重要开端。

第一部分
构建公司理论

第一章　前瞻视角、内部视角和交叉视角

从产品开发到战略制定，所有领域的价值创造活动都包含将现有要素以全新方式创造性重组的过程。[1]记录重大发现起源的詹姆斯·布克（James Burke）——美国公共电视台系列纪录片《联系》（Connections）的制作人——曾经指出："……没有一项发明是凭空产生于某个人的脑海中的……你需要做的，是把大量已经存在于脑海中的碎片以正确的方式加以组合。"[2]类似地，史蒂夫·乔布斯（Steve Jobs）将设计过程描述为"在大脑中同时装满5 000个事物……将它们以新的、不同的方式……组合在一起以得到你想要的"。[3]

公司战略的任务与此相差无几，它是以新的方式组合可利用的资源、能力及活动，以为公司寻求竞争优势。更为重要的是，公司战略要求企业反复地成功实践以上过程。这就像一个近乎失明的探险家在崎岖不平的道路上前行，试图在连绵群山中寻找一个又一个更高的山峰。因为看不清地形，所以他必须运用现有知识和过往经验构建一些关于"他将发现什么"的理论。然后，通过开展战略试验（在商业世界中，也就是对资产和活动进行组合），帮助自己看清楚地形中视野受限的部分。

战略试验可能成本巨大、费时费力。这些活动可能耗时数年，并且往往伴随高度专有性且很大程度上不可逆的投资。因此，开展纯粹随机的战略试验是万万不可取的，战略理论的指导非常有必要。与自然科学理论类似，战略理论也提出了指导行动的假设。[4]理论对因果关系做出解释：**如果世界按照我的理论运转，那么一定的行为就会产生可预见的结果。**理论是动态的，并且以事实和试验的反馈结果为依据不断更新。它使低成本的思想试验成为可能，从而将投入降到最低。

犹如学术理论使得科学家创造突破性的知识，公司理论催生能创造价值的战略活动。高效的管理者可以构建更为精确、有解释力的理论，这些理论能够开启一系列有价值的试验的大门，进而铺就一条价值创造之路。迪士尼公司的发展历史很好地诠释了公司理论。

第一章　前瞻视角、内部视角和交叉视角

迄今为止最伟大的理论

1923年，迪士尼兄弟沃尔特·迪士尼（Walt Disney）和罗伊·迪士尼（Roy Disney）成立了沃尔特·迪士尼制作公司。得益于迪士尼兄弟对动画相关的艺术、技术及制作技巧的不断改进，公司很快发展为世界上屈指可数的优秀动画片制作公司。然而直到20世纪四五十年代，沃尔特才逐渐提出了后来被誉为他最伟大创造的公司理论，该理论详细描绘了迪士尼公司如何在娱乐行业持续创造价值的图景。

沃尔特·迪士尼的理论明确了公司的业务构成，描述了资产和资源之间的关系，并且指明了公司当前和未来的投资路径。他把他的理论形象地绘制成了一幅图，该图如今收录在《沃尔特·迪士尼档案》中，如图1-1所示。它描绘了一系列与娱乐相关的资产，包括图书发行、音乐制作、杂志发行、漫画书制作、主题公园及一些周边产品生产授权，这些无一不是以电影尤其是动画电影制作为核心展开的。这份档案收录了该理论的七个版本，证明该理论是随着时间推移而不断改进的。

这幅图也形象反映了迪士尼的不同业务与资产之间的协同促进关系，这些业务大部分都与核心业务动画电影制作直接关联。漫画书扩大了电影的影响力，而电影为漫画书提供素材；主题公园"迪

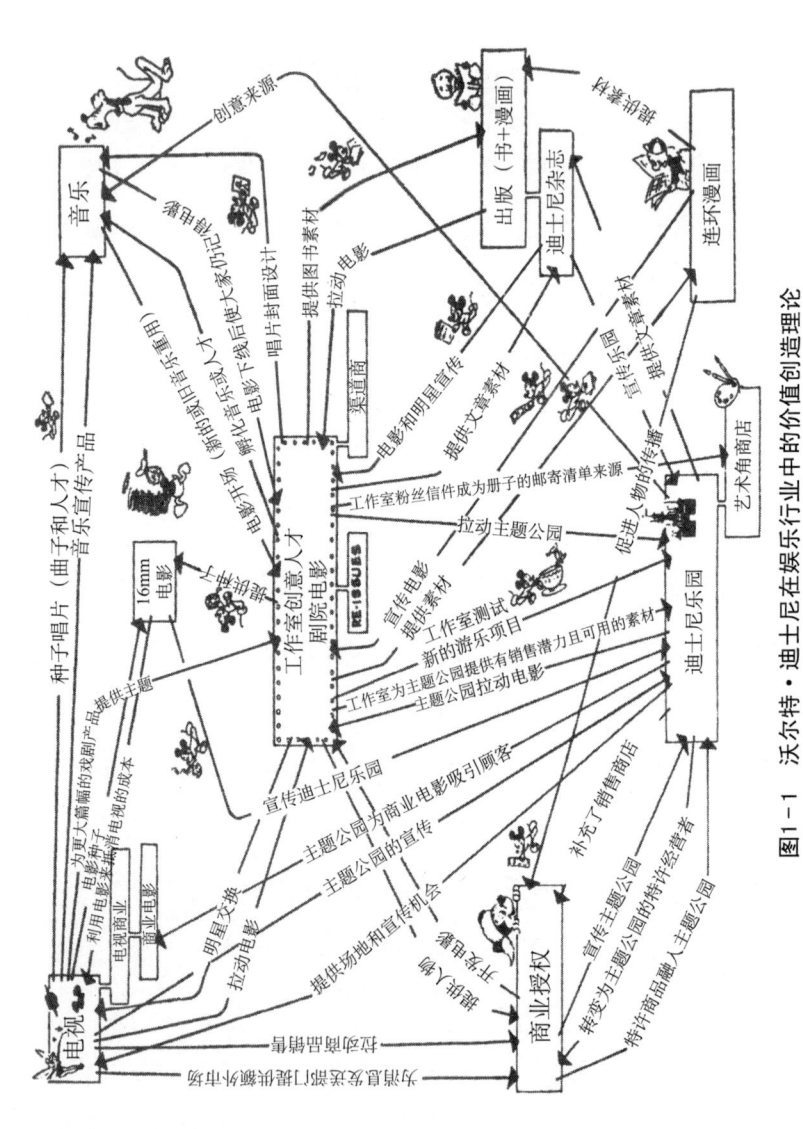

图1-1 沃尔特·迪士尼在娱乐行业中的价值创造理论

资料来源：沃尔特·迪士尼公司 迪士尼公司©1957迪士尼。

第一章 前瞻视角、内部视角和交叉视角

士尼乐园"为电影提供宣传,而电影又反过来提升主题公园的知名度。电视节目为音乐提供宣传渠道,电影为音乐制作奠定基调和提供灵感。这幅图并不仅仅是对资产的简单列举,更重要的是,它直观地表现了不同资产之间紧密的互补关系,因而每种资产或活动的价值都能通过这种联系得到提升。正如在引言中已经提到的,沃尔特·迪士尼的理念可以概括如下。

> 迪士尼相信,那些在栩栩如生的虚幻世界中创造出的、通过动画呈现出来的高贵迷人的角色,对儿童和成年人都有巨大而持久的吸引力。迪士尼通过创作家庭友善的动画和真人电影,并在此基础上投资一些既能为电影中的卡通角色和形象提供支持又能从中获取价值的娱乐资产,形成一种竞争者无法企及的能力,从而创造持续价值、实现增长。

沃尔特·迪士尼关于价值创造的公司理论包含了几个关键要素。它明确了一种极具价值而又独一无二的资产,还识别出所有资产之间的互补关系模式,并且对行业的未来发展趋势进行了隐晦而形象的描述。尽管这套公司理论随着时间推移不断改进,但它的核心要素一直未变。它并非仅仅明确了公司的市场定位,而是为公司未来数十年可能涉足的投资领域勾画了一幅路线图,开辟了持续价值创造的成长道路。在这套理论指导下,公司持续发现和安排新产品生

产、服务提供、资产投资等活动。终于，迪士尼凭借定价和成本优势创造了卓越的市场业绩，证明了该理论的巨大成功。举例来说，迪士尼公司在书籍杂志出版发行方面具有绝对的成本优势，因为它的人物形象和对话均取材于自己的电影。对迪士尼而言，制作一本全世界小朋友趋之若鹜的畅销漫画书，成本之低廉是其竞争对手所无法企及的。同样，它的主题公园消费高昂却依旧游人如织，也部分得益于它在动画电影制作上的投入。

沃尔特去世后，公司业绩出现严重下滑，而这在很多方面更加证实了其公司理论的魅力。当时，迪士尼公司的领导权先是转移到卡德·沃克（Card Walker）手中，而后又到罗恩·米勒（Ron Miller）手中。后者是沃尔特的女婿，曾担任洛杉矶足球队守门员，被劝说放弃了足球事业转而加入了迪士尼公司。令人大跌眼镜的是，仅仅在沃尔特去世后的15年中，公司便将其理论束之高阁，在20世纪70年代，公司甚至不再将动画电影作为主要投资方向。价值创造的引擎熄了火，迪士尼乐园门可罗雀，电影收入下滑，周边产品的授权收入锐减。曾经享誉全美的作为每周日家庭聚会必看电视节目的《迪士尼的奇妙世界》（*The Wonderful World of Disney*），一度遭到电视广播公司停播，后来虽然复播但仅限于迪士尼的有线电视频道，时间也被调到了周日晚上。迪士尼授权生产的系列周边产品曾经备受孩子们的喜爱，后来也渐渐销声匿迹。

第一章 前瞻视角、内部视角和交叉视角

令公司状况雪上加霜的事情发生在1984年，迪士尼遭遇了一次让管理层始料不及的恶意收购。收购者威胁说要拆分迪士尼。索尔·斯坦伯格（Saul Steinberg）是一名臭名昭著的"入侵者"，他之前仅持有迪士尼公司6%的股权，后来迅速将其股份增持到了25%。为了募集资金以接管迪士尼，他承诺会将公司拆分，并且将外部投资者垂涎三尺的迪士尼核心资产，诸如电影图书馆和迪士尼乐园周边地产等，进行出售。资本市场很快给予了积极反应，认为斯坦伯格拆分和出售迪士尼资产的主意要比迪士尼时任管理层的发展路径更为高明。董事会面临抉择：究竟是保留罗恩·米勒的CEO职位并将公司资产卖给斯坦伯格，还是寻找新的管理层。

最终董事会选择了第三条路，聘请迈克尔·艾斯纳（Michael Eisner）作为新掌门人，而正是他使沃尔特·迪士尼的公司理论重现天日。在这一理论指导下，艾斯纳重金投资动画制作，并邀请杰佛瑞·卡森伯格（Jeffery Katzenberg）掌舵。接下来便是一连串的爆发：先是《奥利弗历险记》（Oliver & Company），紧接着《小美人鱼》（The Little Mermaid）、《美女与野兽》（Beauty and the Beast）、《阿拉丁神灯》（Aladdin）以及《狮子王》（The Lion King）重磅上映，震撼了市场。迪士尼的电影票房收入份额从4%跃增至19%，录像带租赁和销售收入份额从5.6%跃增至21%。

艾斯纳还迅猛推进了迪士尼电影角色周边产品授权业务的发展，

使其营收在1984—1994年的10年间增长了8倍。去迪士尼乐园游览和观光的人数也增长了7倍,带动了周边酒店业的发展。艾斯纳还开展了多元化新业务的投资,包括零售商店、游轮、百老汇剧目及实景电影等。

值得注意的是,这些新的投资都是在沃尔特·迪士尼理论的指导下进行的。百老汇剧的人物取材于动画电影;游轮从主题公园和百老汇剧中引入角色扮演和娱乐节目;零售店为迪士尼的其他资产进行宣传造势,包括主题公园、游轮,并对角色周边产品进行延伸。通过对沃尔特·迪士尼理论的推陈出新和以此为指导雷厉风行地开展一系列战略性经营和投资活动,迈克尔·艾斯纳领导迪士尼公司创造了令人瞩目的价值。在他的领导下,迪士尼的市值从1984年的18亿美元跃增至1994年的280亿美元。

迪士尼的发展势头迅猛,但最终又归于平庸。1994—2004年的10年间,公司累计价值增长只有22%。哪里出问题了呢?一种解释是可能迪士尼公司已经穷尽了所有的战略试验,只剩下对无价值的机会和资产的追逐了。因此,尽管它投资的百老汇剧目与动画电影、角色周边产品授权以及主题公园都有着强烈的互补性,其他的一些战略投资,诸如对地方电视台洛杉矶电视的收购、对加利福尼亚天使棒球队的收购等,却无法与其主营业务构成协同。如果情况果真如此,其公司理论无法呈现新的价值源便是导致迪士尼股价停滞不

第一章　前瞻视角、内部视角和交叉视角

前的直接原因,这便意味着是时候构建一套新的公司理论了。

另一种可能的解释是,迪士尼只是再一次迷了路:没有严格根据其公司理论开展经营和投资活动。和沃尔特·迪士尼刚刚去世后的那段时期非常类似,公司的核心资产动画业务在艾斯纳掌舵的后期大幅萎缩,很多人指责他强硬的领导风格导致大批核心动画制作人才流失。最糟糕的状况出现了:动画制作团队无法跟随技术发展的趋势,迪士尼被赶下了世界第一动画电影制作公司的宝座,被皮克斯取而代之。尽管迪士尼通过与五家三维动画电影制作公司签订协议,加强了对这方面的投资,但价值创造的引擎已经不在自己手中了。迪士尼和皮克斯之间的关系一度剑拔弩张,而后在艾斯纳卸任前完全破裂。迪士尼的新任CEO罗伯特·艾格(Robert Iger)清晰认识到了动画业务在迪士尼公司理论中的核心地位,很快以70亿美元的价格收购了皮克斯。至此,他夺回了对在迪士尼价值创造理论中居于核心地位的独特资产的所有权(本书第四章将对这一特殊事件进行详细讨论)。

更有趣的是,艾格发现了也许能与迪士尼的资源能力集合形成互补效应的新的核心资产:漫威漫画公司的超级英雄特许经营权和卢卡斯电影公司的《星球大战》特许经营权。这些人物角色和迪士尼公司长久保持的以王子公主的童话故事为重头戏的风格完全不同。究竟这些新的资产组合代表着对迪士尼原始理论的扩展——能够进

一步解释价值创造的方式、拓展组织的价值疆域、令价值创造的引擎重新运转,还是迫使迪士尼对原始理论进行修改,我们仍要拭目以待。然而,不论迪士尼开展诸如漫威和卢卡斯之类的战略试验的结果究竟如何,无可辩驳的是,沃尔特·迪士尼关于价值创造的理论很早就为迪士尼公司价值创造型的增长模式绘就了一幅蓝图,从而使公司在其去世后的几十年里仍然从中受益。这便是一个卓越的现实例证,证明一位高明的领导者所创建的公司理论有着强大的号召力,能使其继任者自觉承其遗志以保基业长青。

战略的三个"视角"

迪士尼的战略具备公司理论的一切特征。它不断拓宽管理人员的视野,使他们能够反复运用这一工具对互补性的资产、活动和资源组合,进行挑选、购买和组织。沃尔特·迪士尼的那幅图并非真正的战略,而是一个战略选择指南,或者说是一套理论,它描绘了收购、投资和组织设计等价值创造的战略活动。

在引言中我们已经简要提及,公司理论能够帮助管理者开拓视野,这主要体现在三方面(见图1-2)。第一,它反映了企业的远见,提供把握行业技术、客户需求与品位发展趋势的前瞻视角;第二,它反映了企业的洞见,提供识别企业所拥有的独特资产、资源和活动的内部视角;第三,它反映了企业的创见,提供反映企业内外部资产、资源和活动互补方式的交叉视角。

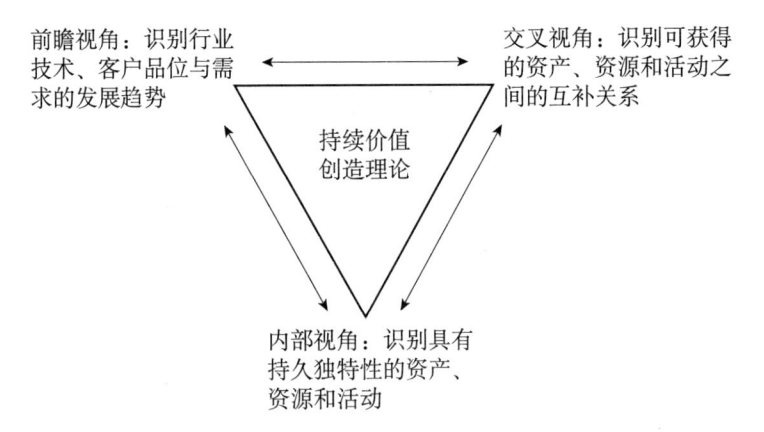

前瞻视角：识别行业技术、客户品位与需求的发展趋势

交叉视角：识别可获得的资产、资源和活动之间的互补关系

持续价值创造理论

内部视角：识别具有持久独特性的资产、资源和活动

图 1-2　公司理论的三支柱

前瞻视角

有效的公司理论包含对行业发展态势的理解与判断。这可能是对未来客户品位或需求的预测，也可能是对相关技术未来演化轨迹或竞争对手未来会采取的行动的预判。总之，前瞻视角能够帮助企业判断哪些资产、资源和活动在可预见的未来会是有价值的。

前瞻视角既要相对具体，又要与大众共识区别开来。太大而化之的前瞻视角无法识别出有价值的活动和资源；人云亦云的前瞻视角不但会由于竞争激烈而抬高资产的市场价格，使企业的战略活动付出高昂的成本，更严重的后果则是使企业因缺乏独特性而无法获取竞争优势。沃尔特·迪士尼的前瞻视角就是：家庭友好的视觉虚幻世界具有广泛的吸引力，而这种虚幻世界能够通过动画得到充分表达。尽管不乏竞争对手，迪士尼却是唯一一家成功预见到该行业的巨大潜力并做出相应投资的企业。

不同理论的预测精准度显然是不同的，富有远见的前瞻性思考能够帮助企业更大程度地从战略试验中创造价值。因此，判断公司理论是否有效的第一个准则就是：它是否提供了判断有关战略选择之未来价值的前瞻视角。

内部视角

有效的公司理论能够将公司独有的资源、活动和资产识别出来。如果竞争对手拥有同质性资产，它们就可以轻易复制你的战略活动，从而破坏你的前瞻视角所蕴藏的价值。因此，有效的公司理论是具有专有性的，它体现的是对组织现存资产和活动的深刻理解。它将那些稀缺的、有别于竞争对手的、有价值的部分识别出来。[5]迪士尼的关键内部视角就是找到了这部分资产、资源和活动，包括它通过率先大量在动画制作领域投入形成的绝对领先地位，以及创作经久不衰、独一无二的卡通人物形象（这种形象区别于真人演员，它不需要代言人）的能力。因此，判断公司理论是否有效的第二个准则是：它是否能够识别出公司独有的有价值的资产、资源和活动，从

第一章　前瞻视角、内部视角和交叉视角

而帮助公司实施仅适用于它自身的独特战略活动。

交叉视角

有效的公司理论会对公司可利用的资产、资源和活动之间那些能够产生价值的依赖关系做出描述，尤其是可以揭示那些能与公司的独特资产和能力互补的资产、资源和活动。之前提到过，交叉视角是为了追求互补性，即追求不同要素互相协同实现价值提升的关系，它明确了价值创造的途径。这一原则适用于所有形式的价值追求设计。因此，发明家意识到了马车、自行车和内燃机之间的互补关系，从而发明了汽车——他们所认识到的是，四轮马车提供驱动装置，内燃机提供动力来源，自行车提供传动装置，三者相结合，将会产生更大的价值。[6]

对迪士尼来说，其公司理论中的交叉视角帮助公司更好地筛选外部投资机会（主题公园、图书、音乐、酒店、游轮等），这些投资对迪士尼在电影尤其是动画电影中创作的那些独一无二的角色进行挖掘，使其最大化地产生价值。创造持续价值所面临的最大挑战是对那些能够创造价值的互补性资产、活动和业务组合进行反复安排和利用，由此看来，公司理论的交叉视角显得尤为重要。[7]因此，检验公司理论是否有效的最后一个准则就是：它能在多大程度上揭示公司内外部可利用的资产和资源组合的价值。

当理论指导战略：史蒂夫·乔布斯的价值创造理论

  作为公司理论的三个要素，前瞻视角、内部视角和交叉视角相辅相成，互相促进，为管理者勾勒出了战略图景。预测未来需求、技术和客户品位的前瞻视角界定了那些有价值的互补性资产、资源和活动的来源。清晰识别公司独特资源的内部视角使公司对行业、技术和客户等发展态势的研判更加精准，并指导公司运用交叉视角去发现那些与公司的独特资产互补的资产、资源和战略活动。交叉视角，或者说对有价值的互补性资产的清晰见解，有助于收购、开发或吸纳对企业具有独特价值的资产，并强化企业对未来的思考。史蒂夫·乔布斯塑造的苹果公司的公司理论，便是一个精彩的例子。

  2011年8月10日，苹果公司一举超越埃克森美孚成为世界上市值最高的企业，这对于一家1976年才成立且差点夭折于1997年的年轻公司而言，无疑是一个巨大成功。几十年来，坊间关于苹果公司如何成功的传说一直不绝于耳。曾经有一段时间，由于公司对史蒂夫·乔布斯缺乏信任，他的个人天赋被严重忽视了。乔布斯的伟大创造不是一个产品、一项计划或者一种管理风格，他的天才创造是关于消费电子产品领域价值创造的一种可谓惊世骇俗的理论，几乎所有的行业专家都曾锲而不舍地劝说乔布斯放弃这一理论。关于苹果公司的详细历史已经广为人知了，我们只做一个简短的回顾，

第一章　前瞻视角、内部视角和交叉视角

来印证乔布斯的理论对于成就苹果公司所起到的核心作用。

这一理论诞生于个人电脑产业的早期发展阶段。1977年，苹果公司发布了一款号称引领行业发展的新产品，即苹果2代电脑。它的内部处理系统是苹果公司的联合创始人斯蒂夫·沃兹尼亚克（Stephen Wozniak）的心血之作，而它的环保包装、光鲜外表，以及令该产品为大众所熟知的营销和推广模式，则应归功于乔布斯。正如苹果公司早期的公共关系顾问里吉斯·麦肯纳（Regis McKenna）所说："如果不是因为乔布斯，苹果2代电脑如今极有可能仍然闲置在旧货商店里。"[8]

许多企业随后涌入了个人电脑领域，每家都拥有自己独特的软硬件平台。但在1981年，随着IBM联合英特尔和微软推出了IBM个人电脑，整个产业发生了巨大的转变。IBM个人电脑的成功主要得益于它的开放式架构。整个产业迅速转向生产适配IBM电脑的软硬件产品，能够生产出更便宜、运行速度更快、存储量更大的电脑变得至关重要。竞争平台迅速消失，随之而来的是个人电脑生产商与软件制造商之间长达15年的激烈竞争。

然而乔布斯笃信一套与众不同的价值创造理论。这一理论不仅指导了苹果公司随后在计算机行业采用的战略，而且决定了其未来的一系列活动和选择。这套理论随着时间的推移越发清晰，乔布斯坚定认为"消费者愿意为电脑及以后的其他数码产品的便利操作、

安全性能和优雅设计支付溢价,而实现这一切的最好方式就是将重要的应用和性能集成在一个相对封闭的系统中,并且加大投资力度以开发有效实用的设计"。

与沃尔特·迪士尼的理论相似,史蒂夫·乔布斯的理论同样包含三个战略视角。乔布斯的公司理论用清晰的前瞻视角描述了消费者品位的变化趋势和苹果拥有的引导消费者品位的能力。乔布斯意识到电脑最终会成为一种消费品。与竞争对手不同,他相信消费者欣赏唯美主义,并致力于创造这样一款产品:它拥有保时捷一样的优雅外观或厨房电器一样的精致设计。

乔布斯理论的内部视角体现在,他认为设计是在个人电脑领域创造价值所需的最关键的内部能力。当然这也部分反映了他个人的兴趣和个性。乔布斯把自己看作一名艺术家——迷恋于色彩、修饰和外观——但他将这种对艺术的迷恋转移到了技术领域。与他的竞争对手不同,乔布斯坚持对整个封闭系统实现完全控制——保持对苹果公司的技术和其他任何与之兼容的软硬件设备的绝对支配。《乔布斯传》的作者沃尔特·艾萨克森(Walter Issacson)评论说:"看到伟大的苹果软件在其他公司的蹩脚的硬件设备上运行,他就像患了荨麻疹一样,甚至更糟;同样,一想到非法 APP 和其他应用会伤害苹果设备的完美性,他就像过敏了一样。"[9] 由于对设计理念的追求如此严苛,苹果进行了大量的研发投入,远远超过了其竞争对手。

第一章　前瞻视角、内部视角和交叉视角

乔布斯的理论同样包含了交叉视角，即识别可供苹果利用的外部资产和资源，来增强自身的设计能力，创造出更为优雅精致、方便实用的产品。早期，在一次对施乐帕克研究中心（Xerox PARC）的拜访中，乔布斯意识到了施乐的图形用户界面（Graphical User Interface，GUI）技术的巨大价值。当时，连启动浏览器都必须通过键盘输入命令 C：>prompt 才能实现，在这种情况下，施乐公司所开发的软件系统令人震惊。支持 GUI 的后台关键技术引擎，以及 GUI 所支持的美观字体和漂亮图形，被称作"位映像"技术，它使计算机可以对个体像素点进行单独控制。在造访过程中，乔布斯不止一次对施乐没有商业化这项技术感到无比吃惊。他意识到，这是一条以一种优雅、实用的方式将计算机推向大众的有效途径——也就是说，只有他认识到了这一能与苹果的天才设计形成有力互补的技术所蕴含的价值，而这恰恰反映了乔布斯理论的高明之处。在今天看来，该技术的价值当然是显而易见的。但是回到 20 世纪 70 年代，一切都是模糊而不确定的。当时，许多人还把计算机看成仅仅是书呆子型狂热者的玩具，面向这部分人群会有一些商业开发潜力，但从来没有人认识到它会成为面向普通大众的消费电子产品，成为个人生产力的主要驱动力。事实是，在被苹果、微软相继商业化后，施乐的这项技术推动了整个计算机产业的变革。[10]

苹果的 Mac 电脑是第一个完整地将乔布斯的理论具体化的产品，

它赢得了广泛赞誉，创造了可观的利润（一如乔布斯所预料的那样）。但是，IBM 创立的标准已经完全确立，IBM 公司围绕个人电脑的整体商业布局发展势头极为迅猛。尽管 Mac 电脑作为单项产品发展得很好，但正如比尔·盖茨（Bill Gates）和其他人所宣扬的那样，对当时的苹果公司来说，极为明显的战略选择就是把 Mac 操作系统的外观和使用感受打包应用于 IBM 的平台之上。然而，乔布斯对此毫无兴趣，也无意采用开放系统的标准，这些战略选择均与乔布斯的理论完全不符。

在超过 15 年的时间里，大家一直嘲讽乔布斯当时的决定。他们一致认为，苹果公司犯了巨大的错误，它没有开放其系统，没有销售适配 IBM 个人电脑和 Windows 操作系统的软件，没有将它的打印机设计为适配 IBM 计算机的产品，也没有将围绕电脑的其他相关产品卖给 IBM 平台。还有一种说法是，苹果本来可以成为软件中的微软，打印机中的惠普，网络业务中的诺威和思科，可惜苹果白白浪费了它的宝贵资源、能力和技术平台。乔布斯甚至被迫离开公司长达十多年，部分原因就是他对自身理论近乎偏执的坚持。

然而，还是乔布斯笑到了最后。他于 1996 年回归苹果，也就是在整个公司陷入濒临被诸如惠普、Sun 及 IBM 等公司收购的危机后不久。坊间猜测，乔布斯会简单地把公司包装一下后卖掉。恰恰相反，乔布斯开始报复性地重构他的理论，他大幅削减了产品品类，

第一章　前瞻视角、内部视角和交叉视角

并引进了 Mac 电脑的全新生产线。更重要的是，基于他的公司理论，乔布斯开拓了个人电脑的衍生领域：运用他的公司理论的交叉视角，找到其他消费电子产品，通过对这些产品进行改进设计来创造价值。结果就是，苹果公司接连成功推出了一系列消费电子产品。

苹果的新产品并不代表什么突破性的新技术。它并不是第一家实现数码音乐集成的公司，也没有发明 MP3 播放器、智能手机和台式电脑。但它是第一个用优雅巧妙、方便实用的设计把这些设备重新组合配置在一起的公司，它将互补性的应用设备与硬件基础无缝衔接起来，拓展和深化了消费电子产品市场。苹果公司的成就证明乔布斯的理论不仅适用于计算机行业，还能够在其他一些产品和行业中奏效。苹果可以选择的业务范围包括电视机、视听系统、家庭娱乐设备、电子阅读器及信息传输工具，它甚至把汽车作为下一步的发展目标。因此，和沃尔特·迪士尼的理论类似，乔布斯留下的遗产并不仅仅是一连串的产品，而是一套在独特的环境条件下发展出来的价值创造理论，它明确了苹果公司可以开展的一系列战略试验和活动，而这些试验和活动能够为苹果的股东和客户持续创造价值。

当战略缺乏理论支撑：美国电话电报公司

并非所有企业都有自己的公司理论，一些企业自始至终都未构建起一个有价值的理论。美国电话电报公司（以下称 AT&T）就是

这样一个例子。

1984年，7家地方性贝尔运营公司（RBOCs）从AT&T中独立出来。这次重组后，AT&T也被禁止提供地方电话服务业务，它的资产因此从1 500亿美元迅速缩水至340亿美元。AT&T公司只剩下长途业务、制造业分公司（西方电气公司）和研发机构贝尔试验室。[11]成长路径不清晰的AT&T需要一个新的价值创造理论。

拆分后，AT&T的第一波战略活动证明其领导层秉持了一种多元化投资理论，其投资领域覆盖长途电话服务和众多新业务单元，以期带来可观的现金流。然而，该理论是有缺陷的，因为其前瞻视角、内部视角和交叉视角都是模糊的。对AT&T而言，其公司理论暗含的前瞻视角是，它可以在几乎没有知识积累的行业内大展身手；其公司理论暗含的内部视角是，它相信公司拥有一种通用的管理能力，用以有效管理涉及相当广泛的行业且彼此少有联系的投资，并且获取价值；其公司理论暗含的交叉视角几乎无法辨识，因为资产非常分散地被投入到不同的领域，让人感觉投资机会到处都是。该交叉视角传递了一个简单的理念：多元化程度越高，企业可以创造的价值越多。在接下来的数年中，公司一直在该理论的指导下开展投资活动。1987年，它进一步拓展了数据网络业务，以推动其UNIX操作系统的发展。[12]1990年，它推出"通行卡"，借此进军金融服务业。1991年，意识到电信业务和电脑业务在不断融合，它收购了 NCR 公司,希望借助此次收购使 AT&T 变成真正意义上的全球化企业。1996 年,AT&T 公司发布了其 ISP(网络服务提供商)产品——Worldnet,目的是与美国在线展开正面交锋。

然而,市场却并不买账,AT&T 收购的业务并没有给公司带来价值。1995 年,迫于市场压力,AT&T 放弃了它的多元化理论,宣布剥离 NCR 和朗讯科技两块业务,这次调整使 AT&T 被拆分成三家完全不同的企业。同时,其赖以生存的长途电话业务持续萎靡,1996 年《电信法案》(Telecommunications Act)的颁布又令其处境雪上加霜,使得它必须直面与地方性贝尔运营公司的竞争。[13]

从某种意义上说,这表示管理层转向了一套新的公司理论,它相信,保持与本地客户的"最后一公里"联系,为客户提供包括电话、宽带网络和有线电视在内的一揽子服务能够创造价值。AT&T 宣布它的目标是"与客户保持联系,超越距离、忽略形式、不分种族、跨越空间"[14]。这一理论显然清晰多了。它的前瞻视角是,预测互联网和有线电视将会出现爆发式增长;它的内部视角是,保持与本地家庭的联系能够创造价值。遗憾的是,至少在短期内,它的交叉视角无法奏效,因为很难反映出其所投资资产的价值,而这些投资主要是 1984 年那次业务拆分之后的结果。新的公司理论指导 AT&T 公司在 1998—1999 年展开了收购有线电视公司的大规模投资,总花费超过 800 亿美元。遗憾的是,该理论并不是独属于 AT&T

37

的，而正如我们在第二章中将会提到的，独一无二是有效的公司理论的基本属性之一。其他企业也与其秉持相同的理论，同样看到了"最后一公里"的价值，尤其是有线电视业务的价值，这一点直接反映在收购价格上。AT&T以每个用户超过4 000美元的价格收购有线电视业务，这意味着只有收入快速增长才能保证收支平衡。

最初，市场对这些战略举措反应积极。1999年7月，AT&T的股价因此一度飙升至59美元。但到2000年5月，股价便跌回到了40美元，导致AT&T的市值首次低于其旗下一家贝尔系的子公司（SBC公司）。2000年9月，AT&T的股价狂跌至30美元，部分归咎于其长途电话业务收入的下滑。一个事实逐渐浮现出来：从中长期来看，通过投资有线电视业务所产生的收入流，并不足以弥补为收购它们所付出的代价。评论家和投资者又开始呼唤新一轮的变革，尤其是呼吁改变现有的提供一揽子服务的战略。如该公司首席财务官查克·诺斯基（Chuck Noski）所言："在2000年年初，这个业务基础极为分散的公司，不管从哪个业务来说，其价值都被大打折扣。"[15]因此，AT&T又一次对自己的公司理论提出了质疑，或者至少是对它能够让华尔街买账的能力产生了怀疑。首席执行官米歇尔·阿姆斯特朗（Michael Armstrong）对华尔街未能对公司价值进行合理评估感到万分沮丧。[16]

2000年10月25日，AT&T发布所谓的"大满贯计划"，放弃

第一章　前瞻视角、内部视角和交叉视角

了它的"最后一公里"理论。AT&T宣布将旗下的无线和有线业务分拆为四个独立的事业部。无线和有线业务变成独立的公司；对公事业部和消费者事业部还在同一屋檐下，但运营是完全分离的，消费者事业部的绩效与某一追踪股（一种以事业部绩效为基础进行交易的证券）挂钩。这个计划让四个事业部共享AT&T品牌。

5年后，AT&T对其公司理论的探索之路宣告终结。公司的管理层最终意识到，其他公司可以利用AT&T留下的资产创造更高的价值，所以是时候将公司卖掉了。换句话说，其他公司可以基于自己的公司理论，通过将自身与AT&T的资产和能力组合在一起，更好地创造价值。2005年，曾经是世界上最大公司的AT&T被SBC公司收购，而后者正是从AT&T分离出来的贝尔系子公司之一。被收购后整个AT&T公司被命名为at&t公司。细数该公司过往岁月中那些复杂的战略变革，喜剧演员史蒂夫·科尔伯特（Steven Colbert）幽默地评论说："感谢国家在反垄断方面的努力，这家公司最终从AT&T变成了at&t。"

本章要点

本章的核心思想并不复杂。持续创造价值要求公司不断寻求关于资源和业务的新的互补性组合，而这得益于一个精心设计的公司理论。缺乏公司理论，公司的战略活动无异于随机漫游。心理学家

库尔特·勒温（Kurt Lewin）有一个著名的论断："没有什么比好的理论更实用。"[17]

公司理论提供了独特视角，揭示那些有前景的战略试验——那些最有可能产生价值的试验活动。一个精心设计的公司理论提供了三种视角。

- **前瞻视角**：对市场需求、商业机会和技术变化趋势的远见卓识。
- **内部视角**：对公司所拥有的独特资产与资源的洞察。
- **交叉视角**：对外部资产和投资机会的研判，它们既与公司的远见吻合，又与公司的洞见匹配。

理论见解引致思想试验："如果我的理论的确描述了我所处的世界，那么我一旦做出战略选择，随后的结果便是显而易见的。"理论是动态的，需要根据反证与反馈不断更新。正如学术理论指导科学工作者取得知识领域的突破，公司理论也是一系列价值创造性战略活动的原动力。它不仅描绘了通往未知领域的路线图，也为充满不确定性的战略试验活动的选择提供了指导。

正如第二章中将要提到的，公司理论创造价值的关键是能够提供独特的洞见。实现持续价值创造的公司理论必须能够反映公司资产的独特价值。接下来，我们就来讨论为什么是这样的。

第二章　不可或缺的独特性

当公司去市场上收购资产时，经过反复论证的公司理论的真实威力这时会显露出来。公司在市场上购买资产所能创造的价值往往与其付出的成本不成正比，而一个有效的公司理论可以帮助公司以一个划算的价格收购具有独特性的资产。米塔尔钢铁公司（Mittal Steel）就是一个典型例子。从其刚创建时的 1976 年，一直到 1989 年，米塔尔钢铁公司利润率一直很低，只是全球市场中的一家小公司，只有一家位于印度尼西亚的小钢铁厂。米塔尔公司采用了一种当时极为先进的铁矿石输入技术——直接还原铁（Direct Reduced

Iron，DRI），改进了炼钢工艺。在这之后，这家公司就随着印度尼西亚经济的繁荣而迅速发展壮大起来。

到1989年，公司收购了一家由特立尼达和多巴哥政府经营的深陷困境的钢铁厂，该厂仅有25%的产能投入运营，每周的亏损额高达100万美元。米塔尔公司通过在该厂推广DRI技术，成功地使该厂快速扭亏为盈，而且销售额不断增加。随后的15年间，米塔尔公司成功完成了一系列收购，每一笔收购都取得了巨大成功，其中绝大多数是针对苏联钢铁厂的收购。

指导这一系列成功并购的是一个清晰而简洁的公司理论。当时，其他钢铁企业都致力于改善内部运营，收购苏联国有钢铁厂这种事在它们看来几乎是不可想象的。然而，米塔尔钢铁公司相信自己的技术可以帮助这些被收购的企业创造价值，因为发展中国家对钢铁的需求正在不断增长。米塔尔钢铁公司的理论完整涵盖了三个视角。它的前瞻视角在于，较早地认识到了钢铁企业的全球化趋势，钢铁在全球范围内日益增长的需求，以及铁矿储备的巨大价值。它的内部视角在于，认识到了DRI技术的价值及其令传统企业起死回生的能力。它的交叉视角在于，认识到了新兴经济体中大部分钢铁企业都能够与米塔尔公司的现有能力形成独特的互补效应。当其他钢铁企业专注于在残渣矿上建设和运营一个个小钢铁厂时，米塔尔凭借以铁矿石处理为基础的DRI技术，令濒临破产企业起死回生的经营

第二章 不可或缺的独特性

技巧，以及在新兴市场经营业务的能力，这一切使米塔尔获得了独特的优势。对米塔尔来说，收购目标资产实在是捡了大便宜。

截至2004年，米塔尔已经成为世界上规模最大、成本最低的钢铁制造商，公司的主要所有者拉克希米·N. 米塔尔（Lakshmi Niwas Mittal）也成为世界上最富有的人群中的一员。米塔尔的成功源于它对公司理论的坚持，该理论为公司描绘了一张藏宝图，揭示了那些具有独特价值的资产。遗憾的是，2006年，米塔尔收购了一家规模巨大且运营状况良好的目标企业阿赛洛公司，却为此次并购付出了巨大代价。这次并购与其公司理论完全不符，时机也不对：经济危机重创世界经济，钢铁需求停滞不前，加之中国钢铁业的崛起，钢铁价格下滑的状况延续了数年。当其他企业在这一新常态下苦苦挣扎时，米塔尔因这次背离其公司理论的收购活动背负了大量债务，并在整合资产的过程中付出了不小的代价。

一个精心设计的公司理论的标志是，它所揭示的价值创造机会具有独特性。这种独特性可能源于该理论所揭示的前瞻视角的独特性，也可能源于公司拥有的资产和能力的独特性。本章将重点探讨独特性对价值创造的重要意义以及公司理论在这中间扮演的关键角色。

不过是场拍卖

资产和能力往往是在令人眼花缭乱的各种市场中被识别和发现

的。管理者在劳动力市场上购买技能和知识；在供应市场上购买零部件、服务及其他一些生产要素；在专利和许可证市场上购买技术；在金融市场上寻求财务资源。更宽泛地说，企业在包括企业并购在内的一系列市场中搜寻那些关键的互补性资产和资源。这些搜寻活动充满想象空间，因为通过各种市场对人力资源、技术和实物资产进行组合安排的可能性太多、范围太广。管理者本质上是在进行一场大规模的猎富活动，这些活动的图景、隐藏的财富价值以及寻找财富的路线图对特定企业而言都是独特的。

2010年，诺贝尔经济学奖颁给了彼得·戴蒙德（Peter Diamond）和克里斯托弗·皮萨里德斯（Christopher Pissarides）两位学者，以表彰他们为解决上述问题所做出的开创性贡献。他们指出，管理者所参与的许多市场都是"匹配市场"。举例来说，在劳动力市场，雇主对特定人群所拥有的劳动技能的价值评估是多样的；相应地，个体劳动者对其为不同雇主工作的价值的评估也是多样的。一个有效的匹配市场选择性地将雇主和劳动者进行配对，以实现总价值创造的最大化。

管理者在寻求价值创造的过程中进行交易时往往面对一系列高度复杂的匹配市场。这些交易反映的是一种匹配关系：买家以市场价购买资产但仍能创造价值。一切高额财务回报都是"对稀有性的奖励"，换句话说，价值创造产生于你的企业和可获得的资产之间的

第二章　不可或缺的独特性

那种稀有的、珍贵的匹配关系——一种其他人无法看到或无法得到的匹配关系。[1]

这听上去并不复杂，然而寻找这样的匹配关系却并不容易。几乎所有商学院的"企业并购"课程都从失败案例讲起。更直白地说，研究发现，一桩并购交易被宣布后，资本市场的反应一般都是消极的——市场一般认为，这桩收购中买家多多少少吃了点亏。[2]

为了理解这一现象产生的原因，我们需要回过头去看看所有资源市场共同的特点。本质上，收购体现的就是一个拍卖过程。卖家提供交易的资产，买家出价，拍卖过程就是匹配买卖双方的过程。一旦交易以低于资产未来所能创造价值的价格成交，买家就会创造价值。有两个障碍使得发现真正有价值的资产极为困难。第一个障碍由评估价值过程中的不确定性造成，被称为"赢家的诅咒"；第二个障碍是，企业只能从能为其创造独特价值而非通用价值的那些资产中获取价值。

赢家的诅咒

大多数人都曾体验过"赢家的诅咒"。当你赢下一场拍卖时，往往没有人会认为你买到的东西真的值那么多钱。[3]令人沮丧的是，你也知道他们的想法是对的，否则成交价肯定更高。

赢家的诅咒源于一个简单的事实：拍卖中的估价仅仅是"估

价"。结果，那些错误最大的（往往是最严重高估的）估价最后"赢得"了拍卖。赢家的诅咒现象在公共价值拍卖（common value auction）① 中非常普遍。在这种拍卖中，资产的"真实"价值对所有出价人而言都是一样的。但是，事实上几乎每个出价人对标的物的估价都存在相当大的偏差。假设有 5 家公司竞争购买与它们的其他资产完全无关的同一件标的物，在这种情况下，只有对该资产的独立评估是彼此相关的。但是，我们假设即便它们对该资产的平均估值是准确的，实际出价也会呈现出围绕平均值的随机分布。在这种情形下，"成功"的出价者——估价最高者——多付出了一个高估值与实际价值之间的差额。聪明的出价人或许会通过杀价行为来掩盖他们对资产的估值，即报出比他们实际估值要低的价格，以求躲避赢家的诅咒。然而，除非所有出价人都严格遵守规则且有足够的自知，知道自己给出的竞价能高出的潜在范围是多少，否则赢家一定会多付，赢家的诅咒现象就会出现。

不仅如此，赢家的诅咒会随着出价人的增多而越发严重。参与拍卖的出价人越多，他们严重高估标的物的实际价值的可能性就越大。与这一逻辑相符，实证研究发现，一场拍卖活动中的出价人数越多，市场对于公布的并购活动的反应就越负面。[4]

---

① 指拍卖商品对每一个竞价者都具有相同的价值。——译者注

第二章 不可或缺的独特性

协同效应的奥秘

当然,很少有企业会参与公共价值拍卖活动。相反,在拍卖过程中,企业往往都会给出一个独立的私人报价,该报价反映出每家企业独特的前瞻视角和交叉视角。也就是说,企业会为那些能够与其原有资产形成独特互补关系的拟收购资产赋予特殊的价值。换句话说,一家企业的公司理论反映了其特定的资产配置的价值,这种价值往往是旁人无法识别的。在这种情形下,企业即使在拍卖时出高价仍然能维持资产的价值。在公司理论的指导下,在识别出与公司原有资产具有互补关系的资产的前提下,企业通过在竞争市场中不断地买卖资产,可以"廉价"地发掘出能够创造价值的标的物。

尽管如此,在这种情形下,价值创造的路径往往还是会比预想的要窄。我们来看一个拍卖普拉姆公司(PlumCo)的简单例子。普拉姆公司是一家生产工业品的小型独立制造企业,它的老板要择机把它卖掉。公司雇用一名投资银行家建立了复杂的价值模型,在本例中,我们暂将这个模型所做出的估值视为完全精确的基准估价。这一模型给普拉姆公司的估值是1 400万美元。

当然,公司老板和投资银行家对这个估值都不是特别感冒。他们真正在乎的是每个购买者给普拉姆公司开出的报价——反映潜在购买者协同性的报价。该投资银行家将普拉姆公司推销给与其有良好匹配关系的公司——它们拥有互补性资产且报价较高——这样一共选取了5家拥有强互补性资产的公司：A工业公司、B制造公司、C系统公司、D投资公司，以及E有限公司。

在考察普拉姆公司后，A工业公司认识到将对方的产品投入到自己的分销渠道中可以创造额外价值。经过一番评估，A工业公司得出结论：值得在基准估价水平上增加200万美元报价，合计1 600万美元。B制造公司评估了自身拥有的内部资产，认识到它所拥有的分销渠道价值与A工业公司相差无几，但普拉姆公司的产品制造技术与其现有资产结合可以获得显著的价值增值。经评估，B制造公司认为，这两项资产所发挥的协同价值值得在基准估价上增加300万美元，合计1 700万美元。C系统公司认识到，除了拥有和B制造公司一样的资产优势以外，它还拥有与普拉姆公司无缝衔接的营销技术。C系统公司评估了这些协同效应的整体价值后，认为应在基准价格水平上增加400万美元，合计1 800万美元。D投资公司拥有C系统公司的全部协同优势，此外还拥有与普拉姆公司的资源组合完美互补的研发技术，这使得它愿意在基准价格水平上再增加600万美元，合计2 000万美元。而E有限公司除了拥有和D投资公司相同的协同优势外，还拥有可以大幅降低普拉姆公司产品生产成本的闲置产能，因此它愿意在基准价格水平上增加700万美元，合计达到2 100万美元。

第二章 不可或缺的独特性

在真实的拍卖场景中，E有限公司很有可能以高于2 000万美元低于2 100万美元的价格购得普拉姆公司，这个价格要低于其愿意付出的2 100万美元。在竞价低于2 000万美元时，D投资公司就会愿意加价，但是，价格高于2 000万美元时，D投资公司就只好选择放弃了。那么，E有限公司评估出的700万美元协同价值中，有多少能够真正为它所获呢？这个数值的范围是0~100万美元。协同效应所带来的另外600万美元额外价值——共同而非独特的协同效应价值——会被普拉姆公司的股东所攫取。

这里的重点是，即使在私有价值拍卖活动中，赢家最多能获得的就是该企业与标的物产生协同效应而产生的私有独特价值，如图2-1所示。

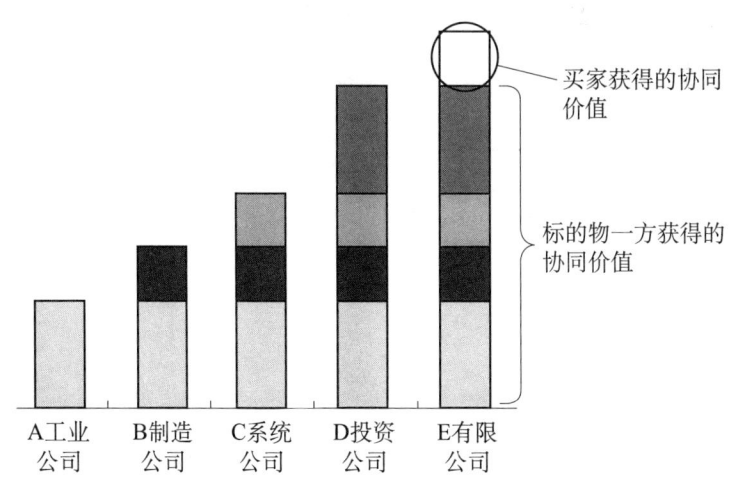

图2-1 资产拍卖活动中的协同价值

当然，以上只是一个简单的示例。在真实的拍卖场景中，出价人所拥有的资产与标的物之间产生的协同效应不会总能产生额外的价值。相反，每个潜在购买者都拥有一种独特的协同效应。它可能是分销渠道，可能是更好的技术，也可能是更有价值的品牌。然而，背后的基本原理是不变的：赢得交易的买家所能获得的最大价值就是该买家所评估的资产协同效应价值与其他潜在购买者中出价最高者所评估的资产协同效应价值之间的差额。再强调一次，买家所能获得的最高价值是这一协同效应所产生的"独特"价值，而剩余的共同协同效应所产生的价值会被标的物的所有者拿走。

当每个潜在购买者对协同效应的评估都产生偏差时，会发生什么？许多公司都会高估自己的公司与标的物产生协同效应能带来的价值，多半是由于自信——它们相信可以应对艰难的挑战或者它们认为自己要好于竞争对手——这是高效能领导者的关键属性。但自信的领导者也容易高估标的资产能为其公司带来的价值。显然，在这种情况下，识别能实现价值创造的并购对象就显得更加困难了。

那么米塔尔公司是怎么逃脱这一诅咒的呢？如何才能在相当长的一段时期内避免为所收购资产付出高于实际价值的价格呢？答案很简单。米塔尔公司构建了一个公司理论，这一理论清晰地指出了那些可以创造独特协同效应的目标资产，其他公司无法创造这种协同效应。因此，米塔尔公司能够参与拍卖市场，从拍卖活动中竞得

第二章 不可或缺的独特性

资产，并且仍然能够占有可观的价值。

"独特性"至关重要

很多公司理论是有误导性的，它会损害公司价值。它们体现为有缺陷的前瞻视角，曲解现有资产的内部视角，或者过于高估协同价值的交叉视角。然而，在大部分情况下，这些错误都源于一个共同的原因：未能识别出任何的独特性。

让我们来看看20世纪70—80年代通用磨坊（General Mills）公司迅速吞并多家企业的传奇故事。在70年代早期，通用磨坊放弃了它的面粉生产业务，发展了一套新的价值创造理论。该理论是由一个被称作"从优秀到卓越"的高级职员退休计划所推动的，结果导致了一项通过并购进军新业务领域以实现多元化的计划，这些业务包括但不限于包装食品、饼干粉、燕麦圈等产品。它所收购的公司被分成五大类：玩具、时尚、餐馆、零售及包装食品。

进行这些并购的时候，通用磨坊表现出对价值创造的路径有着相当清晰的理论认识——它相信通过这一理论指导，收购价格一定低于所收购资产与现有资产产生协同效应所创造的价值。该理论暗示，通用磨坊对于家庭消费者有着深刻的了解，熟知他们的品位和偏好；在消费者商品营销方面得心应手，而出色的营销能力可以使通用磨坊扩展消费者商品业务，创造更多价值；还有，公司认为整合或者集聚这五大业务平台的资产能够创造更多价值。

乍一看,这一理论极具价值。通用磨坊是相当优秀的市场营销专家,它所收购的资产也显示出它非常清楚消费者品位和偏好的变化趋势。站在交叉视角来看,确实可以挖掘一些协同效应,如日用消费品与餐馆,甚至玩具与包装食品之间的业务协同。

问题在于,这些视角无一是独特的。它们既没有反映出通用磨坊公司可以利用的内部独特性,也没有指出它所能追求的独特机会。通用磨坊公司没有任何区别于其他企业的技能和资产,其他公司对于消费者品位变化趋势的判断也毫无二致。尽管公司的一些投资确实取得了成功,比如涉及玩具(如肯纳公司的星球大战玩具产品)或时尚产品(Izod以及20世纪70年代末的流行服装品牌)的投资,都是极富远见的,但看起来这些成功只是偶然。

通用磨坊的原有资产也未能与其所收购的资产产生独特的互补效应。其他出价人拥有至少与通用磨坊相同的知识、能力或实物资产,能与被收购资产结合以创造至少与通用磨坊相同的协同价值——如果不是更多的话。玩具公司、专业目录零售商,甚至连锁餐馆,这些公司可以为时尚公司提供更好的战略指引,而不是像通用磨坊这样的食品生产企业。

因此,通用磨坊公司收购资产的花费很有可能超出了其预期能创造的协同价值,这大概就是公司股价于1974—1984年遭遇重创的

第二章 不可或缺的独特性

主要原因。在该时期，其股价甚至跌破了标准普尔500指数的平均水平。这里面的深刻教训是，如果想要使购买资产的价格低于其所能创造的预期价值，则必须要有一套独特的理论。

为了全面理解通过并购创造价值所需要克服的挑战以及独特性的核心作用，我们需要从卖家的视角仔细观察这一过程。

出售的优点和购买的风险

如果公司的理论甚为普通，仅能反映大众化的前瞻视角，只能识别出其他公司能轻易获得的协同效应，此时出售资产是有明显优势的，因为此时购买好处有限。来看一个冷战结束时美国国防工业的例子。1989年，匈牙利、民主德国、保加利亚、罗马尼亚和捷克斯洛伐克等东欧国家剧变。1990年11月，乔治·布什（George Bush）和戈尔巴乔夫（Mikhail Gorbachev）宣布冷战结束。马上，市场对国防工业发展的预期迅速下降——1991—1992年，美国国防预算与1990年相比下降了25%。所有国防承包商的市场价值也迅速下降，它们要面对一个完全不同的战略前景——自然的销售额增长不能带来价值创造的机会。一时间，联合成为价值创造的一条有效途径（或至少是减少价值损失的一条有效途径）。然而，由于所有国防承包商都清晰认识到了这样的公司理论，所以关键问题就变成了你的公司理论是要购买还是出售。

出售资产对价值创造的好处是极有吸引力的。正如前面提到的，在公共价值拍卖活动中，买家创造价值十分困难，并可能因为出价过高陷入"赢家的诅咒"。在私有价值拍卖活动中，买家只能占有从购买资产中获得的独特价值，也就是说，买家至多能获得独特的协同价值，而剩余的共同协同价值被卖家所攫取。当然国防工业中有一些公司有独特性的资产并因此拥有潜在的独特协同效应，但也有许多的一般性和重复性。多年以来为了鼓励竞争，政府大力扶持涉及导弹、航空器、空间系统、国防电子领域的综合性公司，结果就是，诞生了在任一资产或收购案中都有潜在协同效应的综合性大公司。

1989年，威廉·安德斯（William Anders）成为通用动力公司的总裁兼CEO，该公司当时是美国第二大国防承包商，承包合同中包含了一项大力奖励股价上涨的激励计划包。与行业内其他企业一样，通用动力公司很快意识到联合的必要性，但安德斯是美国主要国防承包商中唯一认识到这样一个事实的人：出售资产要比购买资产能够带来更多回报。自1991年到1993年年底，通用动力公司出售了旗下的数据系统、小型商用飞机（赛斯纳）、导弹、电子产品、军用飞机及空间系统部门。这些资产中的大部分都卖给了国防工业行业中其他拥有类似资产的战略买家，数据系统卖给了一家IT咨询公司。于是，通用动力公司作为卖方获得了这些资产所能创造的协同价值的绝大部分，因为对买家来说这些协同价值没有独特性。

第二章　不可或缺的独特性

通过这一系列的战略性出售和其他削减成本的活动，1991—1993年通用动力公司的股东获得了553%的回报，使其资产在1991年的10亿美元基础上增加了45亿美元。真是可观的收入回报，其中大部分都来自同行业企业与通用动力公司资产的共同协同价值。

这里不是在宣扬简单出售资产对大部分公司来说是持续创造价值的一个机会，毕竟在某种程度上出售资产会损耗企业的元气。这种成功路径大概是1991年前后的军火承包商面对当时的行业前景时所能采取的唯一途径。尽管如此，这一例证也给企业以警示，提示它们在购买资产时所要面临的挑战和风险。正如之前说的，企业购买资产时会将其所占有的所有非独特协同价值转移到出售者手里。因此，对买家来说，拥有独特而准确的公司理论极为重要，它能够帮助企业识别那些超值的资产，也就是那些能够形成独有互补关系的资产。没有公司理论，企业除了将资产出售给他人以外没有其他的价值创造途径，也只能获得那些能够很容易被其他公司利用自身现有资产所获得的同类优势。尽管如此，如通用动力公司的例子告诉我们的，出售资产也可以成为价值创造的一条有效途径，管理者们千万不要把自己禁锢在唯一的桎梏之中。

实证研究的教训

如何组织企业的资产和资源？过去关于收购的实证研究提供了

许多经验。因此，寻找超值资产能有多难呢？判断一家公司是否获得了超值资产的一个方法是观察资本市场对收购活动的反应。股价下跌表示市场预期这次并购活动"吃了亏"，而股价上涨则表示这次并购活动"捡了便宜"。以下是通过试验研究总结出的几种类型。[5]

● 此消彼长，市场反应不会太戏剧性。总体来说，市场对并购活动的反应是稍显消极的，证明公司收购资产的成交价稍稍超出所能获得的价值。这说明，成功收购不是一件容易的事情。如果市场的反应是非常积极的，只会导致更多的后续收购活动，这里面会包含更多边缘化的或者可疑的收购，从而会降低总体回报。同样，市场的显著负面反应会强烈阻碍后续收购活动的步伐，从而使整体回报高于预期。

● 差异很大。尽管将所有收购活动的市场反应进行平均，结果是略微消极，但具体到每个公司大家都不想要"平均的收购结果"。许多收购活动会引发非常积极的市场反应，但也有一些市场反应是非常不好的。平均结果是略微消极，但个例之间的差异很大。最近一项研究表明，近45%的企业发现它们的股票价格在其宣布收购活动之后有超过10%的上下波动。[6]这一结果说明了公司理论在指导公司并购活动中的关键作用。

● 收购时付出的溢价越低，市场的反应越积极。在上市公司的收购活动中，在市场反应为积极的案例中，收购的平均溢价比率为

30.7%；在市场反应为消极的案例中，平均溢价比率为38.4%。[7]当标的物对所有竞标者的协同价值都一样时，付出的溢价会更高；当标的物的确能够产生独特的协同价值时，付出的溢价会低些。

● 非上市公司更为有利。研究同样表明，相较于上市公司，当被收购对象为非上市公司（或上市公司的分支机构）时，市场的反应会更为积极。[8]因为非上市公司披露的信息相对有限，它们有更多的机会运用蕴含前瞻视角和内部视角的公司理论去识别其他公司无法识别的、有价值的收购对象。稀缺的信息意味着那些跟其拥有同样的互补资产的公司不太容易发现它们，从而错失价值创造的宝贵机会。

● 追求更为"独特"的公司战略的企业收购目标资产时付出的价格更低。我和卢博米尔·利托夫（Lubomir Litov）合作的一项研究表明，拥有独特的公司理论（尤其是独特前瞻或交叉视角的公司理论）可使企业在收购资产时获得折扣价格。[9]我们发现，当企业战略举措的独特性程度为10%~19%时，其所收购资产的平均溢价比率为34%~20%。如上文所述，较低的溢价意味着市场判断其为一桩成功的创造价值的收购活动。

在理论指导下开展投资活动

当然，收购只是理论指导下的战略投资的一种。更宽泛地说，企业所寻求的投资活动还包括招募人才、建厂、研发以及购买技术等。从浩如烟海的投资对象中做出有效选择对持续的价值创造至关重要。

对大部分企业来说，投资评估活动犹如一场选美比赛。细节虽然不同，但基本流程是一样的：来自不同业务集团以及下属部门的"选手们"产生投资意向，预判投资价值，然后拟定一份引人注目的投资建议书以吸引"评委们"的目光。之后，在经过筛选、过滤和研判后，投资建议书会提交到公司管理层审阅。接下来，"选手们"会在公司管理层或董事会面前进行自我陈述。最后，高管们必须对这些充满不确定性的投资建议进行评估。

在进行投资评估时，决策者一般倾向于采用一种简单直接的方法——净现值法，即让净现值为正的投资获得通过。计算净现值的方法很简单：评估一项投资的未来净现金流（可能为正，也可能为负），将其折成现值，然后与这项投资的当前成本汇总。如果计算结果为正，就进行投资，否则放弃。既然有这样简单直白的决策规则，还要公司理论做什么呢？

一个原因是，尽管计算净现值的数学方法很简单，但这个计算中的条件——预测一项投资的未来回报，却并不容易。事实上，所有的这种预测都会存在错觉，因为对未来的想象、认识以及行为方面的歪曲都是有可能发生的。我曾为一家大型企业提供过咨询服务，这家企业对其在2008—2013年的投资进行后评价后发现，净现值预

第二章　不可或缺的独特性

测为正的那些投资事实表现却是负的。它的投资活动没有创造新的价值，反而使原有价值受损。

这并非个案，企业经常会高估投资回报。一方面，这反映了投资建议者对他们所建议的投资对象创造价值的能力过于乐观，为了让自己的投资建议被优先考虑，也许不得不这么做。另一方面，投资建议者或许也存在故意高估价值的动机：投资建议被采纳能够塑造个人自信、提升薪酬待遇和职业前景。事实上，竞争性投资建议往往导致军备竞赛似的预测，投资建议一旦失败唯一负面影响是会对投资建议者未来融资造成不好的影响。因此，既然投资建议者的陈述都存在虚构的成分，那么决策者在进行评估时必定有自己的主观判断——他们更喜欢谁的投资建议，谁对未来的描述更加有吸引力。

这便是有价值的公司理论尤为重要的原因，它可以帮助企业开展正确的投资。与收购活动类似，公司理论指导下的投资可以使企业以低廉的成本完成对有价值的资产和资源的购买、组合和结构化。因为你的公司理论的前瞻视角令你超前预测到了这些，所以你的公司可以在这些资产因为需求膨胀而涨价之前完成投资。公司理论指导下的投资还可以让公司获得某种短暂的优势——如某个其他公司不能很快达到的技术高度，从而使竞争对手要赶超就必须耗费巨大代价。

孟山都公司（Monsanto Company）的投资就是一个很好的例子。1983年，理查德·马奥尼（Richard Mahoney）成为该公司的CEO。当时，孟山都公司是一家化工企业，而马奥尼钟情于生物科技。他秉持这样一个理论，即生物科技是医药和农业的未来，于是决定涉足这一领域。采取的方法是通过将持有的石油化学业务出售，并且从其他业务中再挤出一部分资金，从而获得资本来全力投资于生物科技以及相关应用产业。马奥尼的计划是让孟山都公司成为一家"生命科学"企业，能够探索人类健康和疾病治疗、植物的基因分布及食物的成分。这一理论的前瞻视角预测了生物科技的价值，内部视角识别了现有资产和能力的价值及不足，交叉视角清晰给出了关于人才、技术和实物资产方面的投资建议。

在成为CEO的第一年，马奥尼卖掉了孟山都公司的化学、造纸和聚苯乙烯业务，获得了40亿美元的收入。1985—1990年，他卖掉了剩余的18个业务单元，同时开展了一些收购活动。这其中，最著名的一个收购对象是一家叫赛尔（Searle Corporation）的制药公司，它的产品包括阿斯巴甜。孟山都公司随后大力投资专业化学、农业产品、医药及生物科技。以上业务中，后三者的核心是一家主要研究生物科技的中心实验室的设立，引进了一批博士后人才开展关于植物的基因结构、味觉的分子科学以及肠胃功能的研究。当这家公司的发展理念以生命科学为中心时，这些项目和投资建议因与公司

第二章　不可或缺的独特性

理论完全符合而受到推荐和重视。

换句话说，并非是孟山都公司避开了"选美竞赛"的困境，而是这些投资建议因与其公司理论符合而被接受。据此，孟山都公司开始了在医药领域的大规模投资，如收购赛尔公司，以及大力进行农业生物科技的研发活动。至 20 世纪 80 年代中期，孟山都公司已在生物科技领域取得了一些突破性成果。这些成果随后被应用于为农民开发价值巨大的产品，例如能够抗除草剂的种子和能够抗病虫害的植株等。这两项技术在很大程度上重塑了农业经济，减少了对破坏环境的除草剂和农药的使用需求。

尽管这一投资农业生物科技的独特理论在当时遭到了大多数人的反对，许多分析员（以及环境保护主义者）也予以抵抗，马奥尼的投资决策仍可谓充满卓越的前瞻性。他在医药领域尤其是对赛尔公司的投资很快有了回报。1993 年，赛尔公司因第一个研发出选择性 COX-2 抑制剂而获得专利，该药品后来成为风靡一时的药物西乐葆（正是这种药物促使法玛西亚公司于 1999 年收购了孟山都公司）。让大多数人认识到投资农业生物科技的价值耗时长久。马奥尼针对农业生物科技领域的许多投资在前期被视为浪费钱财。但是，15 年以后，这些最初和随后的针对农业生物科技领域的投资为投资者创造了巨大的价值回报。当然，竞争者——如杜邦公司和西巴-盖吉公司——最终也认识到了农业生物科技的潜力，但是那个时候孟山都公司的领军地位已经无法撼动。竞争者被远远甩在后面，费尽全力追赶，但没有一家能够与其分庭抗礼。

公司理论的一项真正优势是，它能够帮助管理层克服在评估投资价值时自身所存在的偏见。管理层时常倾向于将不同资源之间的投资进行均分而非选择最优的进行投资，或者简单照搬上一年的投资模式，要么完全袖手旁观，任凭现有业务单元维持现状，要么随便投资任何能获取现金收入的资产。再或者，他们采用一种简单的但是相当欠考虑的投资组合模式，在这种模式下先将业务划分到不同的投资类别中，然后针对不同类别使用不同的投资方式。以上这些都是对构建公司理论这一关键任务的糟糕替代，并继而评估其所指导的战略试验的优势。

好的公司理论帮助管理者识别独特的、超值的创造价值的投资机会，精确指出那些还没有反映在目前股票价格中的能够创造价值的资产或关系。如孟山都公司以及其他类似公司的案例所证明的，管理者必须坚守他们的理论，直到公司业绩证明或者反证该理论的准确性以及他们实施该理论的能力。坚持公司理论指导还能起到减少（即使没有杜绝）充斥在传统投资活动中的许多认知和行为方面的误差。最后，投资模式是一个重要的工具，通过它，公司理论得以检验，通过它，投资者评估其公司理论所确定的投资组合。

第二章　不可或缺的独特性

本章要点

无论通过哪种方式获取资源以创造价值，收购整家公司也好，收购某种特定资产也罢，抑或只是单纯引进人才，获取这些资源的价格都应该比未来利用这些资源所能创造的价值更低。一个好的公司理论让这种"捡到宝"的事情更容易发生。

这种能力来源于两方面：利用交叉视角或前瞻视角识别出那些其他人无法看到的互补性资产；或者，利用内部视角识别出你所独有的那些资产可能形成的互补性。每一种来源都强调独特性。如果你的公司理论不包含这种独特性，其他公司就有可能超越你的公司。

尽管如此，仅仅设计出一个能够反映独特互补性的、有很好的三个视角的公司理论还是不够的。正如史蒂夫·乔布斯之前所经历的窘境告诉我们的，金融市场并不一定能被一个公司理论所说服，这或许意味着永远没有机会去验证这一理论的正确性。我们将在第三章看到，这一问题的出现主要是因为你的理论中的三个视角要么不是很明显，要么不容易被证明，金融市场几乎总是习惯性地低估它们。解决这一问题并成功地让自己的理论为投资者所接受，是公司理论的构建者所要面临的下一个挑战。

第三章　道德风险还是柠檬问题

　　战略管理者不仅要构建有价值的公司理论，还必须为理论的落地融资。[1]这里的挑战在于，对于运用组织资产和活动进行价值创造的最优路径，投资者可能有自己的理念和理论，他们甚至可能会质疑公司的判断和动机。价值创造路径与投资者对管理动机的质疑，两者的冲突造成了一种弥漫于董事会和高管人员间的紧张关系，这种情况对企业谋求有价值的公司理论构成了实质性挑战。

　　掩藏在这种紧张关系之下的一个根本问题是：最好由谁来设定战略方向——是对他们所处的行业和资源有深刻理解的专家型经理

人,还是相对独立的投资人及其顾问呢?答案并不明晰。一方面,经理人拥有市场上难以获得的信息,包括关于可获得资源的大量知识以及他们的组织面临的机会;另一方面,对于公司所提议的举措,资本市场往往会充斥着投资者(和潜在投资者)持有的大量截然不同的意见。此外,如果一家企业的任务是最大化企业价值,采取与投资者理念和理论相一致的战略行动就是明智的。毕竟是投资者界定了企业的价值,为何不满足他们的诉求呢?

本质上,这些不同路径背后的问题是代理问题。经理人被雇用来为投资者创造利益,这是因为他们拥有投资者所没有的信息和技术——这些信息对构建有价值的公司理论至关重要。但是经理人在选择公司理论时的个人利益,可能与投资者单纯的价值最大化动机背道而驰。所以,拥有所有权的投资者,要么选择允许经理人——虽然有私人利益诉求,但掌握更多信息——去设计公司理论,要么激励经理人以让他们仅仅关注投资者的信号和反馈,从而实现投资者控制权最大化。从某种意义上说,后者就是以众包的形式选择战略活动以体现投资者的意志。

为了理解这个问题的重要性,让我们回顾一下卡夫公司(Kraft)在 2009 年 9 月对吉百利公司(Cadbury)的主动报价。这次报价遭到了吉百利公司董事会的强力反对。英国公众也坚决抵制——一家美国公司想要收购一个标志性的英国品牌,这实在让人无法接受。面对这种抵抗，卡夫公司迅速发起了恶意接管，声称收购吉百利公司能获得许多协同效应。然而投资界并不相信这笔交易会创造价值，尤其是卡夫公司的大股东沃伦·巴菲特（Warren Buffet）也反对这笔交易，卡夫公司的股价随之下跌。尽管如此，2010年1月，吉百利公司的董事会还是同意了卡夫的条款，这笔交易最终达成了。这次交易增加了市场的负面反应。尽管从最初提案到最终达成协议期间，卡夫的股价上涨了5%，但这期间标准普尔500指数上涨了15%，因此，卡夫公司的股票是普遍不被看好的。[2]

这次收购没能阻止卡夫的投资者推行他们的战略变革方案。对冲基金公司潘兴广场资本（Pershing Square Capital）持有卡夫公司的大量股份，开始给卡夫公司施压，让其重新考虑自己的业务组合。收购吉百利公司18个月后，卡夫公司宣布将奥斯卡·梅耶、果冻、麦斯威尔咖啡、卡夫通心粉和奶酪等更稳定但增长较慢的产品，从增长更快的零食品牌中分离出来，分割成独立的业务。随着这些策略的实施，卡夫公司开始"释放价值"。[3]资本市场如预期般地给予了积极反应。

谁在主导卡夫公司的战略？是管理人员用他们的知识构建公司理论并执行战略吗？还是投资者迫使经理人放弃那些被视为以扩张为目的却破坏股东价值的举动？这个问题揭示了在价值创造过程中，经理人的动机和角色存在两种截然不同的哲学。了解两者的区别，对于理解经理人在持续价值创造中的作用至关重要。

道德风险：经理人是恶棍

强调资本市场中价格对战略选择的影响，这一思想不仅流行于华尔街，也渗透在财务学术文献中。弗里德里希·哈耶克（Friedrich Hayek）早就指出："市场的奇迹"是这样一种能力，它能汇集分散在市场中的参与者的集体智慧，并向经理人发出关于其战略决策价值的强力信号。[4]

"挑战者号"事故发生后，资本市场快速精准的反应充分证明了这个特征。美国宇航局（NASA）发起了一场为期五个月的调查，指出最可能的原因是供应商莫顿·塞奥科公司（Morton-Thiokol）的O形密封圈有缺陷。而资本市场在灾难发生的当天就指出是莫顿·塞奥科公司的问题。在灾难发生后的24小时内，莫顿·塞奥科公司的股价暴跌12%，而该项目的其他大型承包商的股价只是稍有下降。在评价公司战略选择或公司理论的价值方面，资本市场同样擅长。那么，我们为什么不遵从资本市场的智慧呢？[5]

从资本市场的角度看，经理人的任务被简化为辨别市场信号并做出战略性应对。这个立场认为，当卡夫公司的经理人们忽视市场上的消极信号，并且激进地收购吉百利公司时，他们摧毁了投资者价值。当他们回应投资者的信号并从剩余资产中分离出增长缓慢的业务时，他们创造了价值。因此，当经理人追求与投资者观点一致的策略时才能创造价值，否则则会损害价值。

这种观点的最大挑战是，确保经理人依据市场信号采取行动。因此，投资者想方设法激励经理人，以使他们在价值创造中遵循投资者的理念，而不是满足他们的一己私利。迈克尔·詹森（Michael Jensen）和威廉·梅克林（William Meckling）对这种方法进行了明确的阐述，他们在1976年的一篇开创性文章中对代理问题进行了深入阐述。代理难题通常被称为道德风险，主要是指经理人追求个人利益而不是公司所有者的利益。[6]

许多专家把20世纪60年代大型企业集团的快速增长归因于这种现象。由于经理人的薪水与其所管理的企业规模紧密相关，所以他们更关心那些关注组织规模而不是价值创造的糟糕的公司理论。缺乏对关注股东价值的激励，导致经理人为了建立能产生私人利益但危及公司价值的帝国，精心设计一些有瑕疵的理论。

总之，在资本市场视角下，投资者在收集信息、评估战略和分配资源的能力方面非常高效。相比之下，经理人则被认为是懒惰的或者说自私自利的。因此，如果通过设计基于股权的激励制度，将经理人与股东的利益捆绑在一起，从而对经理人的个人诉求加以纠正，公司价值就会得到提高。受这种激励的驱动，经理人会选择与投资者对价值创造的集体信念一致的行动。

经理人的自利行为可以通过以下举措修正：第一，投资者想办法拥有更多关于公司理论的信息；第二，设计一种简单的只有单一业务的组织，在这样的组织里，资本市场可以给管理层传递直接的信号，从而管理层知道免受多业务和多战略干扰的行动的价值。实证研究表明，如果一个公司分拆战略组合，聚焦于某一特定业务，那么资本市场会做出积极反应。从这个角度来说，市场对于卡夫公司决定分拆业务的好评体现了这样一种理念——增加激励和市场约束将提升公司的业绩表现。更好的激励将从根本上"解锁"先前的价值流失。

柠檬问题：当市场失灵时

资本市场视角尽管非常有影响力，但它并不是持续价值创造的主要路径。相反，我认为价值创造的主要来源是经理人富有创造力的构建公司理论的能力——聘请他们就是为了去关注投资者无法察觉的问题。这个战略视角（相对于资本市场视角）也认为，所有权与控制权的分离会导致代理问题出现，但是与道德风险问题不同，这里的问题是：那些善意的、见多识广的经理人在不停地探索如何创造价值，但因自己无法说服投资者而感到挫败。这一战略视角把主要的公司治理挑战界定为如何让资本市场正确地评估公司价值，而不是监督那些被认为懒惰的、只想扩张的经理人。

再来看看卡夫公司的例子。从战略视角来看，CEO的工作是巧妙地提出一个有远见的、有洞察力的理论，这个理论可以预测行业的发展并指出已拥有的和可供购买的资产之间的互补性。此处，CEO的任务是做出能够使公司长期收益最大化的战略选择，即使资本市场短期内看不到这种价值。毕竟聘请CEO就是因为他们比投资者更聪明。对CEO来说，挑战就在于说服投资者自己说的是真的，但通常情况下CEO说的并不是真的：有时经理人的理论很糟糕，仅仅是为了通过扩张建立庞大的商业帝国，而不是创造价值。

2001年，乔治·阿克洛夫（George Akerlof）获得诺贝尔经济学奖，他的开创性研究让我们能够更加深刻地理解这一问题。[7]阿克洛夫将其称为"柠檬问题"①[8]。在二手车市场上，买家很难知道他们购买的汽车质量是好是坏。这个普遍性问题的本质是这样的：在商品和服务的质量很难被观察或测量的市场上，作为唯一知道产品质量的卖家，有利用这种信息不对称优势获利的动机。他们在市场上销售难以识别的劣质商品，并相应地按照高质量的产品定价。越来越多的劣质商品最终会拉低市场价格，而卖家可以在这期间获得大量的收益。因为那些希望出售高质量产品的卖家没有方法给出自己产品质量

---

① 美国人喜欢把不好的事情与酸柠檬联系在一起，故称为柠檬问题。——译者注

第三章　道德风险还是柠檬问题

高的信号，所以高质量产品被市场所排斥。结果，市场逐渐演变成一个只有劣质"柠檬"的市场，所有商品的售价都大打折扣。

当经理人试图把他们的理论兜售给投资者时，会面临类似的问题。公司理论的质量很难被评估——其"产品"仅仅是对持续价值创造路径的认知视角。很难想象出一个更加难以评估的产品，因为这个产品甚至连经理人都不知道其真实价值，它的价值只能在执行多年的战略试验或行动中才能揭示。所以，经理人完全可以轻松地用低质量公司理论来冒充高质量公司理论。

为了克服这一挑战，经理人经常投入大量时间和资源来说服资本市场，使之认可他们理论的内在价值。国有企业的CEO经常花费他们工作时间的25%～30%跟投资者和分析师会面，以尽量减少高管和投资者之间的信息鸿沟。这些努力本身并不产生实际价值，而是寻求改变投资者对价值的认知，或者下文所讨论的投资者耐心。

20世纪90年代末互联网公司的繁荣（与崩溃）加剧了由信息鸿沟引发的潜在问题。1995—2000年，大量互联网公司涌现出来，带来了创造和获取价值的新商业模式。无数创业者开始发展在线业务，详细描绘连接未来价值创造模式的战略蓝图，发布IPO招股说明书，随后通过公开发行股票吸引投资者。许多这样的公司没有营业收入，更是鲜有公司盈利，几乎所有公司关于现金流增长路径的理论都是模糊的。历史财务数据不能为评估这类业务的公司理论的好坏提供依据。因此，市场价值只是一种主观的反映——对完全未经检验的理论的主观评估的反映。

如预期般浮现出的是一个典型的柠檬市场。因为互联网经济环境下的新商业模式的真正价值是无法评估的，所以市场估值是基于可观察到的"绩效"指标来进行的。例如，一份2000年的互联网公司估值研究推断，市场估值与净收入负相关，但与公司网站点击率、研发和营销的投入有很强的正相关性。[9]过去，人们很少关注对网站的一次访问能为之带来多少收入或利润。

不出所料，互联网公司管理团队的战略行动聚焦于产生网络流量，这损害了以价值创造为核心的战略思想。这些现象也就不奇怪了：大多数互联网公司的理论都是"柠檬"，在战略逻辑上有很大缺陷，并且迎合以网络点击量衡量企业价值的观点。随之而来的是，市场崩溃了。想要把那些战略真正有价值的公司与柠檬公司区分开来是很困难的。甚至像亚马逊那样有着迷人战略和定位的好公司，也明显被低估了。

柠檬问题不只存在于互联网领域。那些精心打造公司理论的经理人在努力把其理论兜售给投资者时，面临非常相似的信息问题。企业之所以花高薪聘请经理人，是因为相比资本市场，经理人拥有高价值的、高质量的公司理论，但是他们往往不能令人信服地解释清楚理论内在的未来价值。因此，高质量的公司理论被资本市场低估，在理论无法被评估或验证时，这种情况更甚。

随之而来的问题是，经理人依靠资本市场寻求公司理论所需要的资源，对理论质量的低估提高了融资成本。此外，经理人的薪酬和续聘通常取决于他们短期产生市场价值的能力。因此，柠檬问题导致了影响深远的战略困境。经理人可能会被诱导去迎合资本市场的理念和偏好，而不是追求能使公司价值最大化的公司理论。

战略悖论

大多数经理人都注意到了这个进退两难的局面。这些年来，我听到许多来自上市公司［如波音公司（Boeing）、美国电话电报公司（AT&T）、卡地纳健康公司（Cardinal Health）、美国安泰保险金融集团（Aetna）、泰科公司（Tyco）等］CEO的抱怨，他们说资本市场对他们战略的评估是不正确的。他们的不满往往是针对年轻的证券分析师的，也就是那些既没能力又不愿意去挖掘和评估复杂或者独特战略的人。

多年来，在评估价值时，我依然坚信资本市场视角和集体智慧的准确性。我通常把这些抱怨当作寻找替罪羊的行为而不予理会。对我来说，将责任归咎于证券分析师是为业务扩张和糟糕的战略选择寻找借口。但是这里潜藏着一个问题：由于资本市场及众多市场参与者通常会厌恶独特的、复杂的、不熟悉的东西。在这样的背景下，CEO 的独特观点一定是正确的吗？对这个问题的回答很关键，因为它从根本上决定了价值创造的路径。是通过激励懒惰、贪婪又自负的 CEO 来解决道德风险问题从而实现价值创造呢？还是通过解决柠檬问题——让拥有有价值的公司理论的 CEO 没有能力再追求这些理论——来实现价值创造？

在 1999 年，当一个学生给了我一份他的雇主孟山都公司的分析报告时，我对这个困境的思考发生了转变。当时，孟山都公司在利用生物技术和化学科学生产创新食品、农业和医药产品方面获得了大笔投资。正如在第二章中所述，这一系列被称为"生命科学"业务。

孟山都公司的理论是这些业务可以共享研发投资，并且可用到通用的技术。这个理论的根本理念是，制药和农业生物技术投资前景比化学产业好。然而，在 1999 年，资本市场对这一理论很失望。公众反对农业生物技术，特别是海外生物技术，这使得农业生物技术一词在投资者眼中变成了不好的字眼。

与此同时，孟山都公司的制药部门生产了治疗关节炎的药物西乐葆，投资者广泛认为这种药能获得惊人的销售额。证券分析师开始给孟山都公司管理层施压，让其放弃生命科学业务组合战略以及在农业生物技术上的重大投资，他们认为这些投资是孟山都公司股票的"估值毒药"。事实上，分析师认为对农业生物科技投资、相关的研发和未来潜在的产品都没有实际价值。

第三章 道德风险还是柠檬问题

但是，我的学生发给我的一份由普惠公司（Paine Webber）撰写的报告，让我开始重新思考市场的逻辑。

孟山都公司的生命科学实验在我们的分析和现实中都行不通。对孟山都公司的合理分析，需要三个行业的专业知识：制药、农业化学和农业生物技术。遗憾的是，在华尔街，特别是在卖方，由于各自的复杂性，这三个行业是被单独分析的。在买方那里也多半如此。在普惠公司，分析师之间的合作可以整合不同领域的专业知识。我们可以证明这一努力所面对的挑战：即便是协调工作时间表这样一件简单的事情，都需要付出巨大的努力。我们愿意不计代价地了解公司战略，但华尔街可不一样。因此，孟山都可能需要改变其业务结构，以便（让华尔街）更好地分析和评估。

这就是典型的本末倒置。因为不同专业背景的分析师无法协调工作时间表，普惠的报告就建议孟山都公司拆分业务，这样一来孟山都公司要花费数千万美元在投行和其他交易费用上，这还不算缺乏协同效应造成的损失，普惠根本不是基于深入的评估和真正为了创造价值的立场做出这样的建议的。更糟的是，报告坦白承认，分析师在选择要分析的公司时，很大程度上是基于工作量的大小。最重要的是，报告直接指出，孟山都公司应该改变其当前战略，这样

75

可减少分析师繁重的信息分析压力,分析才能做得更深入更精准,进而提升资产的整体估值。

有趣的是,在报告的其他地方,分析师对孟山都公司大加赞赏,他认为尽管有"来自华尔街的对变革的抗拒",公司一直有坚持到底的传统。这是在说 20 世纪 90 年代,尽管公司旗下的制药业务部门塞尔业务少得可怜,但公司 CEO 迪克·马奥尼坚持没有卖掉这部分业务。当然,事实证明马奥尼的坚持是很有远见的,也证明了当时不采纳分析师的建议是个很好的选择。

到了 1999 年,孟山都公司又一次面临抉择。这一次,CEO 采纳了华尔街的建议——公司旗下的几家公司,如 Nutrasweet 等要么被卖掉,要么剥离出去部分业务,然后将剩下的业务卖给了 Pharmacia 公司,该公司很快又被辉瑞公司(Pfizer)收购了。在持有农业生物科技业务达到法律要求的两年后,也就是在 2002 年,辉瑞公司把它剥离出来,成立了新的孟山都公司。尽管这样,分析师依然认为这项业务的价值相当有限。然而这个业务后续的惊人表现完全颠覆了分析师的判断:1999 年分析师认为毫无价值的东西,到了 2013 年却价值 550 亿美元。

这个故事仅仅是一则趣闻。以我的经验来看,当经理人精心设计公司理论并将其兜售给资本市场时,他们的确会面临一个真实困境。他们可以选择便于资本市场解读的简单、熟悉的战略,或者选

第三章 道德风险还是柠檬问题

择公司理论的一个复杂、陌生、独特的战略。在后一种情况下,估值成本很高,容易出错,并有可能导致资本市场对公司价值的低估。

图3-1从两个不同维度(理论的质量和评估的难易程度)描述了四种类型的公司理论。第Ⅰ类理论——高质量、易于评估的理论——显然是首选。然而,这样的理论不可能大量存在。因为正如我们所讨论的,好的理论是独一无二的,独一无二大多意味着难以评估。第Ⅳ类理论——低质量、相对难以评估的理论——显然是要回避的。大多数选项可能是第Ⅱ类理论——低质量(长期价值较低),但是易于评估的理论,这种理论可以把投资者的现有价值最大化,或者第Ⅲ类理论——将长期价值最大化,但是很难评估的高质量理论,这种理论往往被低估。正确的选择并非显而易见。正是在这种困境中,孟山都公司找到了自己的战略。

	高	低
高	第Ⅰ类 稀少	第Ⅱ类 令投资者满意
低	第Ⅲ类 最大化长期价值	第Ⅳ类 避开

评估的难易度（纵轴）／理论的质量（横轴）

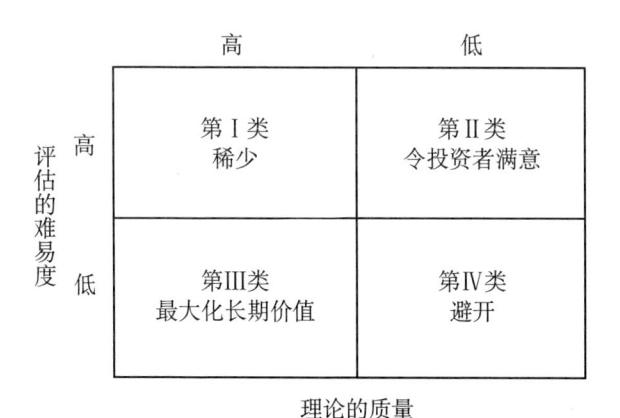

图3-1 四种类型的公司理论

证券分析师和高分析成本折价

资本市场上有这样一些角色，他们试图填补上市公司和投资者之间的信息鸿沟，进而解决上面提到的难题。在二手车市场上，机修工和汽车经销商就像经纪人那样保证车的质量和功能。在资本市场上，有的证券分析师专门评估每家公司的理论的优点。他们的任务是收集信息、监控公司业绩表现、评估经理人所提出的理论的质量和未来可能实现的业绩，因为这些资料可以向投资者提供关于收入预测和买卖建议的信息。

很显然，经理人对分析师跟踪研究的激励就显得很重要。在其他条件相同的情况下，更多的跟踪研究会对公司估值形成正向的影响。[11]这样做既减少了投资者担忧的不确定性，又能利用证券机构发挥"营销"功能。[12]然而就像孟山都公司的案例一样，这些中介机构仅仅完成公司的估值，显然并不能完全解决柠檬问题。事实上，分析师拥有的这种控制权可能容易促使经理人去迎合分析师的喜好，这样就会导致分析师作为中介的这种机制本身是有问题的，让我们来看看这是怎么发生的。

显然，卖方分析师有动机去挖掘和评估经理人的战略。个人分析师的排名是基于他们每个人预测的准确性，依据排名进而在市场上建立声誉，这会直接影响个人分析师的收入。但也有其他的激励

第三章 道德风险还是柠檬问题

机制，比如，雇用分析师的经纪公司会从企业寻求投行业务或者从投资人那里寻求订单。

这些激励会导致分析师对他们跟踪研究的公司的前景过于乐观。虽然法律法规已经设法消除这些激励机制，但不太奏效，很难想象规章制度如何才能完全消除这些激励机制。假定你是一个吸引了大量投行业务的、受人尊敬的分析师，如果你现在的雇主不能给你足够的报酬，竞争者也会为了获得投行业务把你挖走。显而易见的结果便是，分析师更有可能发布购买而非出售的建议。此外，许多经纪公司会选择放弃跟踪研究，也不会给出出售的建议，因为如果建议出售，从这个公司获得投行业务的可能性就会不出意外地减少。

但是还有一个比较明确的因素在起作用。像所有的个体一样，分析师会基于每个工作的时间投入来分配工作以创造最优回报。跟踪研究更多家公司增加了订单数量，同时也减少了每家公司的分析成本。但是为了使在每家公司投入的成本最少，从而接更多家公司的跟踪研究工作，分析师更倾向于选择那些容易分析的公司——换句话说，那些追求熟悉且简单的公司理论的公司。

因此，就像二手车市场的情况那样，选择复杂或者陌生战略的逻辑结果是柠檬市场造成的价值低估或昂贵的分析成本导致的价值低估。这在理论上听起来有道理，那么有没有实证证据呢？

孟山都公司的报告激发了我对这个问题的研究兴趣。最终，我做了一个大样本的实证研究，来评估追求更复杂或陌生战略的公司是否的确会被资本市场低估。[13]前人的研究发现了相关的实证结果。例如，麻省理工学院的埃斯拉·祖克曼（Ezra Zuckerman）发现，企业倾向于通过资产剥离和拆分来重塑自己，以大体上使自己的业务类别与分析师的分析类别相"匹配"。[14]另一个研究表明，除了其他影响，分析师倾向于回避涉及多个运营部门的复杂业务。[15]

我和卢博米尔·利托夫及帕特里克·莫尔顿（Patrick Moreton）一起合作的一个项目，关注的是对这个问题来说更重要的一方面。我们分析了公司战略的独特性对分析师是否愿意接手该公司的跟踪研究工作的影响，以及对该战略在资本市场上获得溢价或被低估的影响。[16]我们假设最有价值的公司理论一定是具有某种独特性的：或许是对资产的战略性组合所能产生价值的独特预见性，或许是拥有独特的资产，从而在同时寻求互补性资产时其他企业无法享受到类似的价值。随后，我们调查了1985—2007年所有的上市公司，并开发了一种测量方法，测量在一个公司所处的主要行业中，其战略与别的公司相比是否具有独特性。

我们的研究揭示了几个有趣的发现。我们发现，被跟踪研究的公司战略越复杂和独特，越需要分析师付出更多的努力，当分析师跟踪研究一个战略独特或者复杂的公司时，他能够跟踪研究的其他公司的数量就会更少，于是，追求更复杂和不寻常战略的公司，就会较少得到分析师对它们的跟踪研究,其他的都没什么不同,此为第一;第二,我们证实了大量的早期研究发现:跟踪研究的数量对一家公司的估值是有影响的(换句话说,减少对一家公司的跟踪研究量会降低这家公司的估值);第三,我们的研究发现,追求更新颖的公司理论会在市场上获得估值溢价,这与第一章所介绍的逻辑是一致的,但是新颖的公司理论会导致更高的成本,继而导致很少的跟踪研究量,这带来的估值的损失要大于新颖的公司理论产生的估值溢价。至少可以这么说,对上市公司来说,"独特性悖论"在市场上是普遍存在的。选择可以最大化长期价值的、独特的公司理论,公司价值可能会在当下被低估。

经理人如何应对柠檬问题

柠檬问题的存在让经理人陷入追求最优价值创造的两难境地。他们可以选择追求独特的公司理论——这一理论将最终使股东价值最大化,但在很长一段时期内,分析成本提高可能会造成公司价值被低估。当然,经理人持有的也可能会是个错误的理论。或者,他们可以选择一个与自身关于长期价值创造理念不一致,但迎合了资本市场需求的理论,这个理论可能会使公司的市场价值产生短期甚至中期增长,甚至最终证明这个理论是正确的。

面对这种窘境,公司有四种选择:

妥协战略理论。公司可能会选择调整理论来应对柠檬问题,避免其选择的公司理论会使分析师有很大的信息分析压力,使他们可以做精准的跟踪研究。有明确的证据表明,这种做法非常奏效。有研究发现,通过更聚焦的交易来简化公司战略,可以同时提升分析师跟踪研究的数量和准确性。[17]另一个研究有类似的发现:经理人会通过剥离业务的方式使公司战略更好地契合分析师的偏好。[18]然而,这很可能会使公司损失长期收益。

对市场嗤之以鼻。公司可能会忽略市场的短视低估行为,并寄希望于通过践行自己的公司理论最终创造真正的价值。这一选择的可行性取决于投资者的耐心(当然,还有经理人理念的准确性)。显然,只有一部分投资者愿意放弃眼下的价值增长机会以赢得更高的未来价值。因此,寻找支持自己的理论的投资者是经理人的一项重要任务,不管这家企业是一家天使投资的初创企业还是一家大型跨国企业。当然,如果理论被证明是正确的,投资者会赚得盆满钵满。如上所述,资本市场实际上跟二手车市场非常像。作为投资者,如果你能找到一个值得信赖的卖家——一家拥有有价值的公司理论的公司,那这笔交易肯定是划算的。

加强信息披露。在坚持自身理念的同时,企业应该想方设法让投资者获得更多关于公司理论的信息。有两种战术可供考虑。首先,公司可以促使分析师和投资银行投入更多资源来分析当前的战略。

第三章 道德风险还是柠檬问题

例如,公司可以积极开展宣传活动以将其公司理论推向资本市场。其次,企业也可以选择直接购买分析服务。近年来,随着为公司提供有偿跟踪研究的"付费"分析研究公司的出现,这项业务变得更容易实现。[19]近几年,有超过35%的上市公司,从来没有被证券分析师跟踪研究过。如前所述,对于一个公司的市场价值,有没有被跟踪研究差异是巨大的。

将公司私有化。无论是寻找理想的投资者,还是加强信息披露,可能都是不够的。一些零散的证据表明,许多追求更独特或者复杂战略的经理人会将公司转变为某种形式的私有股权公司。我们知道,新技术初创公司的投资大多来自专家型私人投资者,因为对公开股权市场来说,评估新技术的成本高昂。评估大型成熟企业的复杂和独特理论需要高昂的信息成本,也是这个道理。大量实证文献见证了许多企业集团在公开市场的消失。但是,企业集团仍然以私人股权公司的形式存在着,成为一些高度不相关的业务的组合,分析这样的企业集团显然是成本很高的。进行私有化使公司有动力承担精确分析以及投资所需的信息成本。有人认为,私有化的主要优势是通过激励经理人解决了道德风险问题;而我认为,它的另一个好处是解决了柠檬问题。

另一种私有化的方式是寻找一个大的私有产权形式的收购方。美国科氏工业集团(Koch Industries)对纸浆和纸业大户乔治亚-太平洋公司（Georgia-Pacific）的收购，导致美国最大的私有产权公司的出现。《金融时报》(*Financial Times*) 这样报道：

> 乔治亚-太平洋公司的表现落后于标准普尔500指数的平均水平，部分原因是它的资产组合难以评估。它的一些消费类产品，比如纸巾，面对的是一个稳定的高利润细分市场；而其他一些业务，比如建筑产品，则处于动荡的行业里，投资者正担心美国房地产市场下滑带来的影响……当潜在购买者拥有大量现金并且借贷成本较低廉的时候，它会以显著低于其各部分价值总和的价格收购它。[20]

乔治亚-太平洋公司的逻辑是通过把公司私有化，获得有耐心的投资者，这些投资者允许经理人去践行他们的公司理论以呈现其价值。此外，因为乔治亚-太平洋公司的复杂性，它的价值产生了折损，科氏则通过这笔交易实现了价值创造。因此，不管是对冲基金形式的私有股权还是私人控股集团里的私有股权，他们能找到像乔治亚-太平洋公司这样定价低于实际价值的资产，不是因为经理人先前的待遇不好，而是因为资本市场不了解其价值。通过这个逻辑可以预测，高信息成本战略（包括复杂或者独特的战略），将使公司转向私有产权公司。

在本书后面的部分，我将假设经理人是好意的，他们会寻求长

第三章　道德风险还是柠檬问题

期股东价值的最大化。因此，我不会关注如何通过将经理人薪酬与资本市场对公司价值及投资机会的当前评价挂钩来改善对经理人的治理。[21]相反，我将关注如何为寻求能创造价值的公司理论的经理人提供战略指导。在战略实施的过程中，经理人遇到的首要问题是：在获取互补性资产或能力时，是应该收购以完全掌控这些资产或能力，还是应该以合同的形式外包给供应商？这是第四章我们要关注的问题。

本章要点

经理人在选择战略方案时面临一种困境：是应该开发并坚信自己的公司理论，还是应该追随资本市场的信号？对困境的解释以及如何应对这一问题取决于你相信哪种逻辑占主导：

● **道德风险**。这种资本市场视角比较受投资者欢迎。股东希望经理人运用其知识和专业为股东创造收益，但是经理人可能会选择有利于自身的战略路径。要想创造价值就需要让懒惰的、自私的经理人去按照市场规则做事。

● **柠檬问题**。这种战略视角比较受经理人欢迎。市场很难评估经理人的公司理论的价值。好理论并不被市场认可这样的现象屡见不鲜。这里的挑战是，有良好意愿的经理人如何才能更好地传达其公司理论的价值，从而从投资者那里获得投资以及等待理论实现价

85

值创造的耐心。

通常情况下，资本市场视角要比战略视角更有优势。市场参与者，包括股票分析师，没有足够的动机去挖掘并精确地评估那些独特的公司理论。结果就是，好的公司理论的价值可能被市场低估。在这种情况下，经理人有以下选择：

● **跟着市场走**。这通常是最简单的选择，并且可能是在既定激励机制下，对经理人个人而言最有利可图的选择。问题是，这等于放弃了寻找真正有价值的战略。

● **更好地进行沟通**。这一点说起来容易做起来难（否则分析师为什么会极力避免复杂和独特的战略呢）。在某些情况下，透露全部细节或者仅仅是战略的逻辑，可能都会引发竞争性模仿从而损害战略的价值。

● **找到合适的股东**。在越来越多的案例中，管理层坚持执行他们相信的能创造价值的公司理论，这样做最终将公司变为了某种形式的私有股权公司，而不是依赖公开市场持有的令人质疑的战略智慧。

第二部分

价值整合

第四章　自有还是外购

　　自有还是外购是战略决策中的难题之一。[1]持续的价值创造需要公司不断扩张和改进，但问题是企业在其公司理论指引下需要获取的许多资产和活动都掌握在别的公司手中。因此，如果想要充分发挥公司理论的价值，企业就需要做出合理的决策：何时应该收购或配置所需要的资产，自己拥有这些资产（自有）；何时又应该通过外包，获取所需要的资产（外购）。

　　两种选择都有支持者。开放式创新专家和外包公司极力宣扬外包的种种好处。公司内部的声音则呼吁通过整合以自有的方式持有所需的资产。通常，我们根据直觉做出的决策往往具有严重的误导性：从外部整合资产后会发现应该外包，而外包后又发现应该整合。我们看到了通过掌控资产和流程所能产生的巨大价值，于是通过整合拥有它们，但结果却发现这些内部努力的成本太高或质量过低。我们将整合看作获取供应商利润的机会，结果却发现整合的成本远远超过了它带来的价值。另外，当我们极力抵制整合的诱惑时，可能又会变得过于依赖某些外部资产并且外包的价格越来越高。

错误的整合决策可能导致灾难性的价值损失。例如，40 年前，《星期六晚报》(*Saturday Evening Post*，以下简称《晚报》)之死被称为"美国历史上最大的公司灾难"。[2]在业绩最好的时候，《晚报》在美国所有杂志广告市场中份额占到 30%。《晚报》失败的最主要原因是一系列灾难性的整合决策，其母公司 Curtis 出版公司的首席执行官迷恋于垂直一体化带来的控制权，所以他狂热地追求整合。他授权建造一个大规模的、最先进的印刷厂；他还购买了三家大型的造纸厂以配套出版业务；他收购了 262 000 英亩的林地来供应造纸厂。该公司还向前整合到流通领域，结果是灾难性的，因为投入产出不成比例并且产出的质量低下，导致内部资产迅速萎缩。这家出版公司不出所料地崩溃了。

错误的外包决策同样可能是灾难性的。1984 年 IBM 推出个人电脑产品，为顾客带来了巨大的价值。然而，在界定个人电脑业务的

第四章 自有还是外购

垂直边界时，IBM做出了错误的判断。它错误地遵循一个常见的但通常具有误导性的规则：将不擅长的业务外包，而将擅长的事情保持自己持有。

如果战略选择真的如此简单就好了。虽然IBM成功地在从外部找到了它所欠缺的能力，但选择外包操作系统（DOS）和微处理器（英特尔8088）的决策，让它所创造的价值大多流向了这些供应商。尽管IBM聪明地集聚所需的资产和活动，创造了巨大的价值，但关于如何管控这些入口的错误决策实际上推动了微软和英特尔的价值增长，而不是IBM自己价值的增长。

如何避免做出这样的错误决策呢？假设公司理论已经清晰地揭示了需要配置、获取哪些资产和活动，为了有效地做到这些，需要做出一系列关于给参与其中的人员、部门何种类型的激励的决策。从根本上说，你必须在两个相互竞争的激励系统间做出选择，每个系统在行为激励方面各有优缺点。当然，最好的情况是，将选择一种而放弃另一种造成的损失最小化，将两种的优点都发挥出来，享受两全其美的效果。但是，两种之间的权衡是真实存在的，外包还是整合的艰难选择也必然存在。理解自有和外购两者之间权衡关系的内在本质，是获得公司理论所孕育的价值的关键。让我们来看看每种方法的优缺点。

市场的奇迹

正如弗里德里希·哈耶克所描述的那样，市场诱导"个体做该做的事情，不需要任何人告诉它们该做什么"。[3]这样的激励或者控制，如果能与需求匹配好，将会是无可替代的。在这种理想情况下，企业几乎不需要什么努力，它所处的市场会激励各要素生产符合市场需求的产品和服务。市场自然会使供应商认识到哪些产品或服务是与企业的资产和活动互补的。市场会激励供应商不断降低成本、提高能提供给企业的价值，将它们的独特知识融入到能帮企业解决问题的产品和服务中去。

合同也是市场上一种重要的激励机制，特别能促进企业间的长期交易。然而，即使有长期合同，供应商依然不断地留意企业是否会改变选择，这使它们有更大的动力去增加自己所提供的价值，保持相关技术的更新，并持续降低成本。重要的是，其他供应商同样有着强烈的动机，通过提高自己所提供的价值或压低当前供应商的价格来争取企业的业务。

企业的外包决策反映了其对外部参与者的智慧和创造力的信心——相信这些外部参与者有强烈的动机创造出在成本或质量方面优于自己的解决方案。从这层意义上说，选择外包也反映了企业谦卑的而不是骄傲自大的心态——承认市场具备比自己企业内部更好的激励和控制能力。正是这种认知促使大型制药公司越来越多地利用合同把研发或早期药物研究工作外包出去。对于这类活动，市场控制是非常有效的。因此，整合某项活动的决策，只有经过特别仔细的评估后才能做出，因为整合会拒绝掉来自市场的个人和集体智慧。做出整合的决策需要有足够的自信：企业调动外部资产和活动的能力很强，优于市场价格机制激励这些外部要素的能力。

当市场失灵时

当市场为企业引入外部要素并提升了企业的价值时，市场是成功的；当市场引入的行为不是企业所需要的，并且纠正这些行为的外包成本很高时，市场是失灵的。当出现这样的情况时，选择自有还是外购，需要从概念上进行简单对比：想要得到企业所需要的激励和行为，通过整合获得资源和通过合同外包相比哪个成本更低？战略经理应选择成本较低的方案。但是，虽然概念上简单，比较这些成本所需的计算却相当复杂：需要预测未来行为的影响，而未来的行为又具有极大的不确定性。当公司理论中关于价值创造最优路径的理念以及对外部资产和资源的使用与承包商对于资产和资源的使用的理念不一致时，通过在市场中外包来进行激励的成本会大幅增加。当外包使供应商有潜在机会分得公司理论所创造的价值的很大一部分时——这常被称为"掣肘问题"（下文会讨论更多细节），在这种情况下通过市场外包的成本也会增加。通过市场机制进行激励而造成的成本的上升通常在价值创造需要复杂的协调、独特的投资、结果不确定这些情况下便会发生。

企业面临的第一个挑战是说服外部伙伴自己的公司理论是价值创造的最优路径。当企业提出的价值创造路径需要投资一些资产和活动，而供应商意识不到这些资产和活动是价值最大化所需要的时，这个挑战就尤为突出。如果企业提出的投资仅仅是独特的专用性投资（对你的企业或对价值创造的提案来说），在其他地方毫无用处，这种挑战便会发生。假设企业正需要能够制造特殊生产设备的制造商，或者企业正需要一家能够了解其业务、为其定制应用软件的IT公司，由于企业所需的这些特殊资产和活动配置起来很困难，通过合同进行外包来获得这些资产和活动的成本会非常高。然而，真正的挑战在于，供应商想要在未来回报有保证的情况下进行投资，而鉴于投资价值的不确定性，企业很难保证供应商未来的投资回报。

企业吸引专用性投资面临的第二个挑战是不合理的讨价（参阅"掣肘问题"）。供应商的担忧在于一旦投资了企业的专用性项目，它就被套牢了，企业就会提出更多对他们有利的合同条款，而供应商没有讨价的余地。更准确地说，企业牵制着供应商专用性投资的价值——该部分投资在其他地方是没有价值的。[4]例如，企业可以坚持压低购买资产支付的价格，因为没有其他的购买方，这时供应商最

第四章 自有还是外购

好的选择只能是满足企业新的谈判条款。有远见的供应商会拒绝在发现"掣肘问题"的情况下做出投资。因此，需要供应商做出专用性投资的合同成本会非常高。

掣肘问题

我第一次报道掣肘问题是在新生写作课上，当时写作的主题是和利兰·斯坦福（Leland Stanford）及铁路相关的。我的研究项目是关于经典的掣肘问题的一个极端案例。1869年，南太平洋铁路公司宣布将沿着加利福尼亚中央峡谷的一条特定线路铺设铁轨。南太平洋铁路公司鼓励移居者开发铁路周边的土地，暗示土地价格将为"不低于每英亩2.5美元"，承诺无论对土地做出什么样的开发都不会提升价格，但同时讲明铁轨铺好后才会确定最终价格并付款。若干年后，移居者对土地的投资陆续到位，这些投资大多是固定资产且专用于周边的铁路，而南太平洋铁路公司此时设定每英亩土地的价格为35美元。移居者们被激怒了。他们在加州图莱里县和铁路公司爆发了激烈的争执，最终演变成铁路职工和移居者的枪战和大屠杀。这就是经典的掣肘问题——这个问题在商业交易中经常发生。

遗憾的是，如果供应商确实成为了某款在市场上被证明很有价值的产品的关键独特零部件的提供者，那么企业面临的合同问题就会更加严重。企业会陷入一个新的困境：供应商会强势要求分瓜企业预期价值，主要是因为供应商的地位有能力对企业形成掣肘，并抢占企业已实现的资产的价值的很大一部分。从这层意义上说，抬高合同成本和加剧市场失灵的掣肘问题通常既是对称的，又是动态的。有时候，明智的合约和信任关系足以克服这些挑战。但通常，情况并非如此。

比如，20世纪90年代后期，皮克斯公司（Pixar）愿意投资动画类电影，而这类电影高度依赖迪士尼的营销引擎。皮克斯公司逐渐具备了无与伦比的计算机动画制作技术，同时也对迪士尼的其他资产形成了十分有价值和独特的补充。由于没有其他动画公司能够为迪士尼公司创造同样的价值，皮克斯公司就有了向迪士尼索取巨大价值的能力，从而对迪士尼构成了掣肘的威胁。同时，这个威胁一定程度上也是相互的。迪士尼对皮克斯而言也是一个独一无二的补充。相互依赖的程度和协调的复杂性使得两家企业的合同谈判极具争议并且成本高昂，最终导致合同到期后双方不再续约。2006年，迪士尼最终以74亿美元的价格收购了皮克斯公司，这个价格反映了双方互补关系的深度及皮克斯公司掣肘威胁的严重性。这一价格是否给迪士尼公司留下了进一步创造价值的空间仍然是商学院课堂上辩论的话题。然而，毫无疑问的是，迪士尼错在没有自己最先进的

第四章 自有还是外购

动画工作室——其公司理论中的一项核心资产,任由公司内部的动画技术逐渐衰落。

即使不需要投资的时候也可能会出现掣肘风险。只是对现有的资产和活动进行创新的组合便可以实现预期的价值创造。例如,IBM 的个人电脑业务几乎不需要供应商针对 IBM 或 IBM 的个人电脑进行专用性的投资。例如,硬件平台的核心元素——英特尔的 1088 微处理器,它是独特的并且难以复制,却是不需要额外开发的常备库存产品。然而,一旦个人电脑的需求量大增,它的价值便显现出来——这种结果从一开始就几乎是必然的,这相当于英特尔公司突然之间就成了提供互补性部件的独特供应商,它也因此而有能力索取 IBM 所创造的价值的很大一部分。尽管微软需要对 IBM 个人电脑进行不断增加的专用性投资,但 IBM 未能整合微软的这一能力,使得微软公司对 IBM 的个人电脑形成了独特的补充,从而也能获取巨大的价值。相比之下,IBM 的营销和销售能力,在推动 IBM 个人电脑产品成为事实上的行业标准的过程中,最初也是重要的互补性资产,但一旦行业标准确立,IMB 的营销和销售能力就没那么有价值了,并且不再是独特的,很容易获取到。

总之,当企业所需的资产和活动配置不同于供应商受到激励所创造的配置时,或者当供应商对公司所需要的资产进行的定制处理使得它们有能力要求获得资产的全部价值时,市场和合同就不能提供必要的激励。特别是，当你的公司进行价值创造所涉及的资产或活动要求具有独特的互补性时，这个问题就会更加严重。只要供应商拥有这些资产，它们就能获取最终价值的大部分。试图用市场和合同解决这个问题的成本是很高的，而且很难操作，而这正是整合的主要动机。

整合的优势

尽管市场能够在不经意的情况下塑造供应商的行为，但当市场或合同难以刺激有效的供应商行为，使之符合企业的需要时，整合提供了另一种解决方案。正如 D. H. 罗伯逊（D. H. Robertson）所说，公司是"是无意识合作的海洋中有意识力量的小岛"。[5]有时候，整合所带来的掌控力量十分重要。

从最基本的层面上来说，企业可以通过整合去协调能创造价值的资产和活动，而无须让其他人相信企业愿景的优越性或投资价值。公司内部的投资不会构成掣肘风险，从而可以避免供应商狮子大开口。

史密斯威森公司（Smith & Wesson）收购其主要的定制注模供应商——三城精密塑料公司（Tri Town Precision Plastics）的决策恰好印证了这一逻辑。在被收购之前，三城精密塑料公司 2/3 的产品都卖给了史密斯威森公司，但史密斯威森公司有这样的担心：三城精密塑料公司因为害怕掣肘问题而开始寻找其他的客户从而减少对史密斯威森公司的依赖，继而不愿意对史密斯威森公司做更多的专用性投资。通过收购三城精密塑料公司，史密斯威森公司扫清了这类专用性投资的障碍，从而规避了掣肘问题。如今，史密斯威森公司拥有了一个内部供应商，而这个供应商有充分的理由去实现公司的愿景。

虽然整合会将有动力的市场参与者变成按理说不那么有动力的员工，但可以通过制定合作规范来进行弥补，这些规范能促进有效实施公司理论所需的知识分享和协作。而这一切需要的是高超的领导力，这样的领导力能激励合作（此时，被收购者将专注于收购者的目标，而非自己先前的目标），从而实现对公司理论的共同承诺。

控制陷阱

然而，必须记住，对于自有还是外购的决策而言，除非真的需要复杂的协作或专用性投资，否则外包和依靠市场激励几乎总是最有效的。因此，判断真正存在整合条件的时间和地点对于正确管理而言至关重要。问题是，在这样的条件并不具备时，某些公司和管理者对控制权却有着难以满足的欲望，而这种欲望又会转化成对整合的偏爱。这种偏爱通常反映出他们的狂妄自大——他们相信在价值创造方面，自己的控制总是优于其他人的。更有甚者，这种偏爱也反映了一种被误导的观念：整合具有无数的优势，而且没有代价。

换句话说，管理者低估了市场有效激励"无意识合作"的独特能力。但是，这种观念是非常错误的，因为几乎在任何情况下，为了得到整合所实现的控制都要付出丧失市场激励的代价。[6]

企业经常犯这个错误。多年来，大型制药公司不断收购小型生物技术公司，以获得这些公司的前沿研究成果和杰出人才，结果却发现整合后根本无法保持整合前市场对这些公司关键人才强有力的激励。于是，关键人才流失，生产力直线下降。大型石油和天然气公司在整合高效率的小勘探公司时也会遇到类似的局面。这些收购者在整合后同样也努力提供促进这些小勘探公司发展的市场激励，但最终也无法留住人才或进行有效的勘探。吸取许多惨痛的教训之后，大型制药公司和大型石油公司都转而依靠外包来开展这些业务。

但这引出了一个有趣的问题：为什么不能在企业内部效仿市场激励并避免这种损失？那样的话，企业也就可以分得自己的蛋糕。

非此即彼的选择

企业想要效仿强大的市场激励面临着天然的阻力。在企业内部，员工们经常比较彼此的薪酬，收入低的员工嫉妒那些收入高的。他们特别爱评估自己能观察到的现象是否公平，总是认为公司给高绩效员工的工资以及基于绩效的奖励过多，是不公平的。组织行为学领域的长期研究表明，当员工察觉到自己受到不公平的待遇时，就会开始懈怠，要求升职加薪，或者甩手走人——这些行为都会给公司带来高昂的成本。[7]

为了更好地说明企业效仿市场激励机制时面临的阻力，不妨来看一下哈佛大学是如何管理高达360亿美元的捐款的。为了激励管理各类捐款基金的员工，哈佛大学设计了类似市场的激励机制——哈佛大学就像将项目外包给员工一样，给员工的薪酬也按照市场上基金经理的薪资形式那样去设计。最终的结果是惊人的，哈佛大学各类基金的回报远远超过了其他地方的资产管理者管理的基准投资基金的回报——在几个项目中，基金的回报甚至达到了同类基金的两倍。事实上，学校基金的回报高，奖励结构市场化，以至于这些哈佛员工中有些人一年的绩效奖金高达2 500万~3 000万美元。

然而，当巨额薪酬被曝光以后，哈佛的教职工、学生、家长和校友们都愤怒了。哈佛大学当时的校长拉里·萨默斯（Larry Summers）为这一激励机制辩护道，如果让市场上的基金公司管理捐款，想获得这么高的回报需要付出更高的成本，他说的可能没错。然而，随着抱怨和相应成本的不断增加，哈佛大学降低了基金管理者的薪酬。可想而知，关键的基金管理者纷纷离职，离开哈佛大学另寻更理想的工作。哈佛大学把基金管理的关键工作外包给了先前从哈佛大学离职的基金经理——他们现在就职于其他基金公司。这说明，激励机制本身在让员工产生较高绩效方面是相当有效的，但阻力在于这些激励措施给学校带来的成本，即社会比较所带来的成本。

基于绩效的激励机制设计起来很容易，也可以从市场上通过合同很容易地外包出去，但在企业内效仿是很困难的，成本也很高，这就使得市场在激励和激发各类人才的能动性方面有着独特的优势。在公司内部，一旦员工察觉到基于绩效的激励机制的不公平，就像哈佛大学的教职工、校友和学生们那样，就会给公司带来成本，而这些成本要由公司直接承担。当公司通过市场合约把这种服务和激励机制放在公司外部，就能在很大程度上规避这些成本。尽管员工也可能会妒忌外部员工的收入，但这种妒忌至少不会导致公司的政策变化、员工的工作懈怠或者公然破坏其他员工的工作。[8]因此，正如哈佛的财务主管罗纳德·丹尼尔（Ronald Daniel）在事情闹得最凶的时候所说的："……如果把这项工作外包出去，就没有人会在乎了。"[9]他说的完全正确。因为当公司内部有人因为这种丰厚的激励机制获得高薪时，其他人才会非常关心，社会比较制约了企业有效效仿市场激励的能力。于是企业必须权衡整合策略的优势与外包策略的优势，但两者不可兼得。

自有和外购的长期选择

尽管在决策时这两个选择是相互排斥的，但管理者要记住，自有与外购的选择并非静态的。整合或外包的决策不断影响着企业行为、投资和行动方案。外包始终能够激励供应商降低成本,并产生创新性的解决方案,但很难激励他们为公司提供想要的专用性投资。整合虽然能促进复杂的协作和专门投资,但很难激励供应商降低成本、促进创新。因为企业往往会同时需要二者的优点,所以企业关于自有或购买的决策往往会埋下自我毁灭的种子。对于外包出去的资产或活动来说,随着时间的推移,市场激励带来的回报会逐渐减少,但专用性投资或复杂协作带来的回报会增加。对于整合进来的资产或活动来说,随着时间的推移专用性投资或复杂协作带来的回报会减少,而市场激励带来的回报则会增加。

随着时间的推移,公司在自有还是外购的选择上经常会犹豫不决。以IT服务商为例,让我们看一下,两种选择的差别是什么。IT服务商被整合后,就会有动力去为内部客户提供定制化的解决方案和服务。然而,被整合后的IT服务商却没有动力学习最先进的技术、降低成本和提升价值,因为公司的激励机制没有给他们做这些努力的动力。相反,当选择外包时,外部IT服务商有强烈的动机来降低成本、升级技术,但它没有动机去提供高度定制化的解决方案。随着时间的推移,一个选择的增量效益可能会减少,而被放弃的另一选择的增量效益则会增加。所以,头一天做出的整合决策可能直接导致今后的外包决策。这种动态变化反映了相互排斥的自有和外购选择各自具有的内在优点和缺陷。

本章要点

自有或外购的决策不是清单上的两个项目——一旦完成，永远不需要再看一眼。相反，这些决策需要不断回顾，要认识到改变决策并不代表失败，只是意味着随时间的变化，最初所做选择的优劣势逐渐变得不再平衡。

仅有合理的公司理论来指导公司的资产和活动配置是不够的，管理者需要就如何获取这些资产做出战略决策：企业应该拥有资产还是通过外包合同来获取资产使用权。每种选择的成本和收益如下。

● **外包。**市场能提供强大的激励机制，但是如果这些激励与企业的利益不一致，企业就可能受制于强大的供应商，或者无法从供应商那里获得所需要的专用性投资。如果实现企业的价值创造需要知识或运营方面的协作，但市场机制可能不会激励供应商与企业共享这些资源，因此，这种情况下企业也可能会受损。

● **整合。**所有权使知识和资产更容易共享，能保证企业获得适当的投资，并且理论上能给予企业对资产的控制权。但除非这些对企业来说很重要，否则即使拥有资产和资源，企业也会因为整合无法形成市场机制所能提供的奖励和激励而失败。

总结：成本收益的平衡是动态的，明智的企业会根据需求的变化不断审视其整合或外包决策。

第五章　建立外部合作关系

正如第四章中所述，公司在将理论付诸实践的过程中，所需的许多资产和资源最好通过市场关系外包出去。但是市场关系有许多类型，而实施特定战略的核心问题是实施哪种战略。例如，究竟是从成本最低的供应商那里购买资源还是与少数受青睐的供应商建立合作关系。这个问题是一个长期的挑战，会不断出现各种各样的选择。正如弗里德里希·哈耶克所说："虽然人已经学会了利用市场，但还远远没有学会如何充分地利用它。"[1] 当然，自哈耶克发表这个观点以来的 70 多年里，情况发生了很大的变化。我们首先要了解一下公司理论和最佳实践的发展，然后再来指导企业如何应对与供应商建立关系这个难题。

联盟经济

20世纪70年代后期和80年代，日本的经济扩张举世瞩目。对于美国的很多企业而言，日本的经济扩张就像是侵略，因为日本企业在家用电子产品、半导体和汽车等可见的市场上占据了大量的份额。

日本企业的成功在汽车行业中最为明显。加州公路上行驶的日本汽车比例激增。这一成功归功于质量更高、成本更低的日本制造产业。学术界、咨询界和个体企业竞相寻找背后的原因，甚至日本的国际贸易和工业部也在对此进行研究，最终发现核心原因是日本企业采用了非同寻常的方式来管理采购方与供应商的关系。[2]

当与美国制造企业的做法相比时，这种方法显得更为新颖。在当时，美国大多数企业通过两种不同的方式获得零部件：彻底的整合或公平的外包①。在采购零部件方面，通用汽车公司和福特汽车公司主要是依赖整合，只有少部分零部件是通过与外部供应商签订合同

---

① 公平的外包是指双方完全出于各自的利益行事，不受对方的压力或胁迫。——译者注

来采购的。企业每年都会重新招标，确保供应商能够控制成本。相应地，针对每个零部件，美国汽车制造商都有很多可供选择的供应商。

日本企业的做法则截然不同。首先，日本汽车制造商整合程度较低，只有一小部分零部件是从企业内部获得的。更重要的是，日本企业通过外包购得的众多资产，是用一种完全不同的方式来管理的。日本企业和一小部分供应商保持长期稳定的合作关系，并没有采用一年期的合同制度，没有每年重新招标，也没有激烈的竞争，而是采用了4~5年的长期合同，与供应商一起合作，共同创新和降低成本。此外，虽然这些合同名义上只有4~5年，但实际上它们的合作会持续很久，基本上不会终止。尽管合作关系并不是由日本人创造的，但他们却有力地展现了从合作关系中获得竞争优势的潜力。

日本供应商在这样的竞争模式下的运营行为也与美国供应商截然不同。日本供应商对它们的买方企业做出了大量专用性投资，它们与汽车制造商共同开发和设计创新性的零部件，开发高效的制造实践。美国供应商的行为则非常不同，由于仅有一年的合约期，而最终的决策几乎完全取决于投标价格，供应商并没有动力去进行定制化的、能降低成本的专用性投资，更不用说对创新设计进行长期投资。此外，为了解决供应商的不断流失，美国汽车制造商花费很多成本去管理采购和外包流程。20世纪80年代中期，据说通用汽车公司的采购人员是丰田的十倍，而它的汽车产量只是丰田的两倍。[3]

鉴于美国汽车制造商的采购业务成本过高却收效甚微，它们的大规模整合也就在意料之中了。但不妨看看日本模式截然不同的结果。日本模式下高效的合约和惊人的产出，特别是利用供应商来促进创新，使得日本汽车制造商的整合程度远远低于美国汽车制造商。尽管这种采购方与供应商的关系模式在汽车行业中尤为明显，但其他领域中的日本企业也在使用相同的方法。

美国企业不出意料地做出了回应。20世纪80年代末90年代初，它们效仿日本企业，开始积极地重新配置其供应关系。美国企业大大减少了合作的供应商数量——一项研究表明，对于1986年之前生产的美国汽车，平均每个零件有4.75个供应商，但对于1986年之后推出的汽车，这一数字降至1.42——基本与三大日本汽车制造商的平均水平相当。[4]合同期限也发生了很大的转变。虽然相应的统计数据与日本企业还有差距，但这些转变表明美国企业的确想减少供应商的数量，建立更紧密的合作关系。

这一趋势并不局限于汽车行业。美国几乎所有行业的企业都开始与它们的外部供应商建立更深层次的合作关系。根据一项代表性研究的计算，采购方与供应商通过联盟形式进行的业务比例从1990年的5%跃升至2010年的40%。[5]虽然这种转变一定程度上只是简单的重新分类，但它无疑展现了这次变化的规模。咨询师和学者们助推了这项运动，促进了联盟经济的发展，并鼓励企业构建关系优势

(relational advantage)。[6]咨询师主张美国企业形成自己的 keiretsu（日文词汇，表示紧密的供应关系网），与供应商建立广泛的关系。

联盟也成为制造业以外的众多行业创新和研发的标准方式。例如，在制药行业中，研究型生物科技公司和大型制药公司之间的研发联盟成为标准和至关重要的合作方式。

对许多企业来说，随着外包的优势变得更突出，联盟的形成自然而然会导致企业走向纵向分拆。随着有效管理外部供应关系的路径变得越发清晰，20世纪90年代后期的工厂革命无疑引发了更为激烈的变革浪潮，为有效管理外部关系带来了更多新的选择。

信息革命

2000年，全球互联网用户人数为3.61亿人。到2010年，这个数字接近20亿，到2014年，超过了33亿人。[7] 20世纪90年代，企业对信息技术的投资以每年24%的速度惊人地增长。[8]这些投资加上互联网用户人数的激增，使得企业可以与供应商更好地沟通和协作，对其进行更有效的监督，在这一过程中，企业也改变了管理与外部供应商关系的方式。

虽然这些投资为长期的合作联盟提供了重要的支持，但其最显著的影响力在于改变企业与供应商及其他外部合作伙伴的公平合作关系。例如，许多公司已经开发了电子采购拍卖。在这些拍卖中，买方通过数字化手段公布一份详细的报价邀请函，包括企业想购买的一系列相关零件或服务。感兴趣的供应商给出回应，而买方根据供应商先前的绩效、技术能力、设备、地点或其他标准进行筛选，并邀请一些供应商通过电子方式提交报价（买方通常拥有一批稳定的已通过预审的供应商，它们不经过审查也能直接报价）。并非所有感兴趣的供应商都会受邀参加竞标，因为低质量供应商的参与会让高质量的供应商担心前者虚报低价，从而失去竞标兴趣。通常情况下，受邀的供应商可以在指定的期限内多次提交报价以回应其他竞标者的报价。在投标结束时，买方会选中一个标价（不一定是最低的）并签订供应合同。[9]

这类拍卖的优势在于能够让企业找到具有新能力和成本优势的新供应商。[10]在当今技术日新月异的环境中，明天的最佳合作伙伴可能和今天的不同，与供应商的广泛接触显得尤为重要。买方与新供应商的广泛接触也促使现有的供应商不断升级技术并保持价格竞争力。从大型制造企业［如艾默生（Emerson）、通用电气（GE）和卡特彼勒（Caterpillar）］到美国联邦政府等各种类型的组织，都广泛采用电子采购来简化和扩展它们的供应关系，并增强谈条件的能力。这些拍卖要么由企业自身管理，要么由第三方服务提供商管理。

信息技术也深刻地影响了企业吸引其他企业参与创新的方式。从广泛意义上说，采购领域真正的变革在于更多地利用企业外部的第三方，不仅将其作为生产或分销的源头，而且还将其作为解决创新问题、新产品设计和开发的助手。在信息技术环境下，外部资源并不是通过联盟获得的，而是通过与知识资源的提供者进行公平交易而获得的——不是那些与企业有着深厚关系的供应商，而是那些企业完全不知道的其他企业。

开放式创新这场广泛运动的一个口号是由太阳微系统公司（Sun Microsystems）首席创始人比尔·乔伊（Bill Joy）最早提出的："最聪明的人大多数都在为别人工作。"换句话说，那些对于企业要解决的问题最简单有效、成本最低的解决方案很可能对别的企业也有用。很可能企业并不知道自己的解决方案在哪里被采用，不知道关键知识来自哪里。实践证明，与已知的服务提供商结成联盟可能远远不如邀请大量潜在的提供商，让它们给出解决方案或建议。IT为企业实现这一目的提供了有效的工具，让企业能够开发或利用新的外部关系。

宝洁公司2000年之后的经验很好地说明企业已经开始利用信息技术来彻底改变创新的方法。几十年来，宝洁公司一直把投入巨资开发的内部研发试验室和雄厚的技术人才作为创新的源泉。然而，公司市值却因销售业绩和新产品成功率的下降而突然大幅下跌。CEO雷富礼（A. G. Lafley）通过观察发现，在消费产品以及许多其他行业中，小企业甚至独立发明家是突破性创新的主要来源，于是他决定彻底改革宝洁的创新方式。因此,宝洁公司的关键问题就变成了:如何设计一个能有效获得大量外部创新人才的组织模式?

简单地雇用发明者或收购雇用他们的小公司并不是真正的选择。企业并不清楚哪家公司雇用了这些有价值的发明者,或在哪里可以找到他们。此外,宝洁公司认识到本书第四章所讨论的整合的内在风险——收购小型创新型公司可能会压制其创新性,或者宝洁特别重视的发明者也许会离开。宝洁的目标反而是与这些先前未知的外部资源建立起有效的联系——而实现这一目标的方式就是让公司内部一贯憎恨"其他地方发明出来的所有东西"的7 500名研究人员改变态度,积极寻求与公司外部的研究人员和发明者建立合作关系。

信息技术是推动这些合作关系的主要手段。研究人员利用网络来查找科学文献和专利数据库。宝洁公司与其主要供应商建立了专用网络,方便技术简报的发布和分享,供应商可以在上面发私信联系企业。通过与现有供应商一起探索电子化合作方式,宝洁创建了新的协作人员研发项目。更重要的是,为了获取内部研究人员不知道的大量技术和能力,宝洁还积极加入了Innocentive、NineSigma和YourEncore等第三方创新平台。这些平台专门发布特定类型的难题和挑战,帮助企业找到各类能解决问题的人群。

宝洁的这项工作非常成功。大量新颖、独特和高效的合作关系催生了创新。公司研发的生产率提高了60%,而研发投资却减少了。

新产品创新的成功率也翻了倍,诞生了从品客薯片到魔术橡皮擦等许多新产品。

当然,利用外部资源实现创新并不是什么新鲜事。长期以来,将研究工作外包出去、获得技术许可、用户创新一直是许多行业产生创新的核心手段。[11]但宝洁及其他公司所做的变革在于利用技术来促进远距离的协作、设计和开发。此外,支持众包创新的平台也已发展得更加便捷高效了。除了宝洁公司使用的平台之外,其他许多平台也能高效地发布问题,并找到解决问题的人群。许多平台专门设计比赛,使大众通过活跃的在线社区参与解决问题。正如凯文·布德罗(Kevin Boudreau)和卡里姆·拉克哈尼(Karim Lakhani)2013年发表在《哈佛商业评论》(*Harvard Business Review*)上的文章中所说的那样,很多比赛类的平台——如 Kaggle、TopCoder、Tongal、HYVE、Quirky、crowdSPRING、DesignCrowd——在解决特定类型的问题(如广告、软件编程、产品设计)上已经非常专业了,从而构建了专业的解决问题的社群。[12]

选择的尴尬

正如正确做出自有还是外购的选择对实现公司理论所设想的价值至关重要一样,正确地选择如何使用所购买的资产也至关重要。这个问题的答案同样不简单。外部合作关系走向联盟式的重大转变使得很多行业的绩效显著提升，另一种完全不同的方法则是更加积极地采用公平竞标和众包创新，也同样有效。

总之，过去三十年是显著的采购创新期，导致许多公司选择了不同的方向，而这些方向又随着时间不断调整。一些企业试图通过深厚的社会联系来建立协作式的供应关系，企业在这个过程中把先前发生在内部的交易推向了企业外部。其他企业也大力采用技术支持的市场、竞赛和创新平台，将以前通过联盟管理的关系转化为更公平的交易，或者将先前的内部业务推向企业外部。根据各数据库的正式记录，企业联盟的应用大约在20世纪90年代中后期达到了顶峰。从那时起，电子辅助交易的使用迅速增加。今天，许多企业正在综合使用以上这些举措。

由于存在各种各样的选择，每一种都不缺乏拥护者，究竟该选择哪种来指导企业的发展道路？什么时候长期联盟深厚的社会联系是价值创造的最佳选择？什么时候公平的竞标、竞赛和创新平台才是更好的选择？究其本质，这个问题的答案类似于自有还是外购的选择，它取决于如何权衡外部关系在实现公司理论过程中的价值，以及市场进行广泛搜索、鼓励参与者实现愿景的价值。

对任何既定的交易来说，联盟和公平采购可能各有优势。辨别理想的交易伙伴、一定程度的合作和交易专用性投资都是必不可少的。但是，和自有或外购的选择一样，这两条路径也是相互排斥的。

联盟鼓励供应商进行针对特定交易的投资，通常能加强信任，促进合作式的交易，但也可能会导致企业自满，削弱企业广泛寻找新的有价值的交易的能力。企业通过邀请报价、拍卖、竞赛和平台进行的公平采购，会促使企业寻找具有有价值的能力、知识和自我认同能力的供应商，但也可能阻碍企业获得所需的专用性投资。企业在任何一个方向上走得太远都会影响绩效。与日本新兴汽车制造商相比，美国汽车制造行业对竞争性招标和公平拍卖的痴迷导致其业绩不佳，实践证明，联盟可以补救这一问题。宝洁对整合的偏爱及有限的外部业务关系扼杀了它的创新潜力，这一问题则可以通过广泛寻找供应商、发挥市场和大众的潜力来解决。做出正确的管理抉择对实现公司理论所设想的价值至关重要。

做出正确的选择

外部关系的构成应该取决于企业需要解决的问题的属性或预期交易的属性。虽然潜在属性有很多，但只有三个属性对于决定特定交易所需要的控制范围最为必要。下面我将以三个关键问题的形式来讨论这三个属性。请注意，这些问题以及与之相对应的解决方案是针对特定某个业务或问题的，它们不属于一般性的公司方针。外部采购工作做得比较成功的公司都拥有广泛的可选择的采购路径，从合作联盟到公平竞标，再到众包。

谁拥有对构建你所预期的价值至关重要的知识？

企业决定同外部伙伴建立何种关系的核心问题在于，对于以合理的方式管理其行为以创造所预期的价值所需的关键知识，是掌握在企业手中还是掌握在外部伙伴手中。

如果企业没有正确的知识，那么通过联盟或精心设计的合同来获得控制权并影响供应商就需要付出明显的代价，企业无法给外部供应商提供足够的激励，而这些外部供应商比企业更了解如何最恰当地利用它们的资产、产品和技术。重要的是，联盟的组建可能导致其他解决方案或所需资产（以及有效运用这些解决方案和资产所需的知识）的潜在提供者放弃参与。正如我先前所说，市场有着不可思议的力量，可以激励供应商去做企业想做的事，而不需要企业引导或控制它们。弗里德里希·哈耶克在一篇评论中深刻地指出："这个系统（市场）最重要的特点就是市场运行过程中知识的经济性，或者说个体参与者并不需要知道太多（关于其他参与者的情况），就能采取正确的行动。"[13]企业采用任何可能使其难以获得这种知识资源的行动方案时都应异常谨慎。

显然，当企业唯一需要透露的关键信息是对所要制造的零件或需要解决的问题的描述时，通过市场寻找合作伙伴是最佳的解决方案，它可以促使供应商提供低成本的解决方案并投标，同时又极少

第五章　建立外部合作关系

需要企业的控制。

但是当企业的发展方向和知识会要求外部供应商的行为有重大的改变时，就需要长期的合作联盟了。当企业对供应商的价值最大化活动、投资或行为的期望与它们自身的期望不一致时，这种情况最有可能出现，这意味着企业需要认真拟定合同并且加强监督才能实现基于市场的协作。因此，在这种情况下，要说服供应商背离市场激励所导致的行为，就非常需要联盟所带来的强大控制了。

你需要的解决方案有多独特？

在第四章中，我相当详细地讨论了掣肘问题，这个问题通常在业务性质要求企业或供应商进行针对特定业务关系的专用性投资时出现。如前所述，供应商意识到了这些专用性投资几乎没有别的用途，所以它们不愿意进行这样的投资，因为如果合作终止或企业威胁要终止合作，它们就会陷于被动。同时，企业也可能会面临相同的困境。企业也不愿意对这样的交易进行投资，因为担心外部供应商可能会终止合作或威胁要终止合作关系，从而牵制企业实现专用性投资的价值。

因此，当企业与供应商的资产、活动均为独特的，或者通过投资其资产和活动变得高度专用或互补时，连贯性、信任和协作就变得至关重要了。在不整合的情况下，必须有连贯性和信任的存在，才能激励企业与供应商进行交易所需的专用性投资。如果对长期合作、建立彼此间信任没有信心，双方就都会担心失去这些专用性投资的潜在价值——只有通过扩大交易才能产生的价值。在这种情况下，企业的任务是建立能促进信任与协作的合作关系。

相比之下，当多个供应商可以为企业提供所需的价值，或当基础技术进步导致最佳供应商随时间而变化时，供应关系的连贯性就几乎没有价值了。在这种情况下，与许多潜在的业务伙伴保持合作远比连贯性所带来的信任更有价值。此时，不需要任何社会责任或承诺便能轻松更换供应商的能力对于企业可持续的价值创造是至关重要的。

描述或评估你想要的行为或结果有多难？

企业无法明确描述和评估的行为是很难通过市场和合同来激励的。但价值创造往往需要实现某些难以提前筹划的活动的复杂协作。此时，不断的调整是关键。当企业和外部合作伙伴一起创造有价值和创新性的东西时，价值创造也可能要求进行广泛的知识共享。由于合作的确切情况无法预知，理想的结果也是不可能事先明确说明的。此时，企业的目标就是广泛地共享知识，实时地精心安排全新的合作。

公司理论也许有助于企业选择与之合作的制造商或技术提供商，

第五章　建立外部合作关系

但它无法给出企业所需要的具体内容。由于无法准确给出行动方案，就使得建立合作联盟有了价值。事实上，公平的市场交易可能会使协作问题更加糟糕，因为公平的市场交易会阻碍所需的知识共享和良好协作。那些高度复杂或者涉及将不同来源的大量知识融合在一起的问题，可能会要求企业选择整合或构建紧密的合作联盟。如果企业能精确地描述需要解决的问题或需要提供的产品、服务、零部件，那么公平交易、在线竞标，甚至创新竞赛等手段可能就足够了。

总之，有三个因素促使企业在合作联盟和公平交易之间进行选择：(1) 企业所拥有的知识相对于供应商所拥有的知识在改变供应商行为方面的重要性；(2) 企业所需投资的独特性；(3) 描述或评估所需行为的难度。如果供应商具有解决问题和有效满足交易所需的关键知识，当需要极少的专用性投资并且企业期望的结果可以衡量时，那么合同、竞标、竞赛和众包就是最好的选择。当不具备这些条件时，发展密切的长期合作关系便是成功的关键（小专栏"为什么合同很重要"进一步说明了合同在发展这类长期关系中的作用）。

为什么合同很重要

合同的确切影响一直备受争议。20世纪60年代的一项研究至今仍被广泛引用:"经过协商的详细合同可能会妨碍业务单元之间建立良好的合作关系。"[①]该研究认为,签订合同是缺乏信任的表现,并将"合作转变成相互敌对的讨价还价"。其他学者还认为,法律补救措施破坏了人际关系,并以客观的形式要求取代了"个人的'善意'"。[②]这些学者指出,在合作交易中,合同在很大程度上被双方所忽略,并进一步提出,正式的合同会排斥好的企业行为。

然而,对合同对合作关系的影响所做的实证研究表明,这些专家的观点比较保守。尽管全球经济中的确存在着一些没有正式合同的有效合作关系,但证据表明企业精心设计的合同在促进合作交易和加强信任方面发挥着重要而积极的作用。[③]诺贝尔奖得主道格拉斯·诺斯(Douglass North)认为,合同等正式制度为非正式控制提供了补充。[④]正式合同延长了合作关系的预期持续时间。合作时间越长,供应商越有可能配合企业,实现更密切的协作并增加专用性投资。合同还可以通过规定灵活调整合作关系的程序来延长合作关系。从这个意义上说,精心拟定的合同和合作联盟是互补的,而不是相互替代的。

因此,要想开发有价值的供应商关系,关键不仅仅在于宴请和高尔夫。相反,精心设计的正式合同能加强这些关系,既能形成有效的互动,又能防范不当行为。合同的重要作用还体现在能让企业从价值创造角度考虑退出合作关系,建立新的、更有价值的合作关系。因此,制定合同的能力对任何想要建立高效的供应商关系系统的企业来说,都是至关重要的。

①StewartMacCaulay, "Non-Contractual Relations in Business: A preliminary Study," American Sociological Review 55 (1963): 145-164.

②Sim Sitkin and Nancy L. Roth, "Explaining the Limited Effectiveness of Legalistic 'Remedies' for Trust/Distrust," Organization Science 4, no. 3 (1993): 367-392.

③See LauraPoppo and Todd Zenger, "Do Formal Contracts and Relational Governance Function as Substitutes or Complements?" Strategic Management Journal 23, no. 8 (2002): 707-725, and empirical citations in study by Zhi Cao and Fabrice Lumineau, "Revisiting the Interplay between Contractual and Relational Governance," Journal of Operations Management 33, (2015): 15-42.

④Douglass C. North, Institutions, Institutional Change and Economic Performance (Cambridge: Cambridge University Press, 1990).

不稳定的动态变化

最后，企业在决定与外部供应商建立什么样的关系时要认识到，上述三个问题的答案可能会随着时间的推移发生变化。所有供应商关系的核心都存在着紧张关系。建立有价值的关系需要同时聚焦于选择合作伙伴和与合作伙伴建立协作关系。但对特定关系过分关注可能会产生两个负面的结果。首先，这种关系变得越来越独特，越来越多地赋予供应商从合作中攫取价值的能力。其次，随着合作的深入，它不利于公司离开现有合作伙伴，去寻找新的、更有价值的交易伙伴。

如果企业一开始使用竞赛或者问题发布平台来寻找能够提供解决问题所需的独特知识和技能的外部供应商，那么企业就会发现，一旦找到了这样的供应商，企业就会有动机与它们形成长期联盟或建立合作关系。企业也可能从紧密的合作联盟开始，最终发现竞标、邀请报价或竞赛在提升企业与现有合作伙伴谈条件的能力方面的价值。因此，调整关系是不可避免的。我和丹·埃尔芬拜因（Dan Elfenbein）进行的一项研究考察了使用网络竞标最多的一家公司的电子采购行为。[14]我们发现了几个有趣的模式，这些模式是管理合作关系动态变化的关键：

- **买方认为与他们有交易历史的供应商更有价值**，愿意接受与它们有过深入合作的供应商的较高报价。

● **供应商认识到买方对关系的重视，**当它们了解到买方对当前合作分配的价值时，它们会试图从中获取更多价值份额。

● **买方会随着时间的推移而不断摇摆，**买方有时候会选择之前与有交易关系的供应商，有时候会青睐报价最低的供应商。

换言之，当观察到供应商想通过高报价获取更多价值时，买方会更积极地选择最低报价。企业这么做能扩展新的供应关系。然而，随着时间的推移和关系的加深，供应商会提高价格，试图从买方对合作关系的重视中获取更多价值，而买方则不得不再去寻找新的、报价更低的合作伙伴。

这个模式是很清晰的。合作关系很有价值，但企业必须寻找新的供应商，这不仅是为了形成新的竞争和寻找更低的报价，更是为了加强与现有供应商谈条件的能力。企业和供应商之间不存在简单而稳定的平衡关系，只有持续的动态变化，企业需要不断与最佳的外部合作伙伴建立有价值的合作关系，让自己能够获取更多价值。

为了实现公司理论指导下的价值创造，对企业内部资产和活动进行有效组织与建立有效的外部市场关系一样重要。事实上，在实施很多公司理论的过程中，内部设计，包括激励机制、沟通和决策权以及管理这些机制的动力，可能是价值创造的主要手段。第六章将探讨这些问题。

本章要点

本章讨论的关键内容：

● **企业不要把自己局限于单一的关系策略中。从在线竞标和众包到合作联盟和长期合同，有许多策略可以选择。** 每种模式都有优点和缺点，并且每种模式的优越性都随时间和环境而变化。密切的合作关系能促进广泛的知识共享和专用性投资。包括竞标、简单的报价邀请、创新平台和竞赛在内的各种市场交易使得企业可以广泛接触新的交易伙伴。企业需要学会如何根据预期结果来调整采购关系。

● **在选择关系策略时，请提出三个问题。** 第一个问题涉及构成企业预期价值的关键知识来自何处。企业是否拥有这些关键知识并因此需要实质性控制来影响供应商的行为，还是供应商已经拥有了所需要的知识？第二个问题与企业和供应商共同开发的产品或行动的独特性有关。是需要由供应商对企业进行专用性投资，还是供应商在激烈的竞争环境中自然而然的创新会让企业受益更多？前者需要建立一种基于信任的合作关系；后者则需要建立公平的、基于市场的关系，供应商相互竞争来获得业务。第三个问题，企业能描述和评估想要从供应商那里获得的行为吗？如果答案是肯定的，那么企业可以主要采用基于市场的策略；如果供应商的角色不明确，那么基于合作关系的策略可能更恰当。

● **准备好应对变化。**供应商关系本质上是不稳定的。一项关于竞争性招标的长期研究表明，即使在市场背景下，合作关系也会因为利益暂时契合而产生，然后随着利益不合而被放弃。[15]当双方展开紧密合作时，有时企业需要通过引入竞争来加强自身的控制，以防止供应商从关系中攫取过多的价值。战略领导者会巧妙地利用合同来动态调整供应商关系，为根据公司需求深化或结束关系创造机会，从而优化价值创造。

第三部分

价值驱动

第六章　组织的动态设计

我最早的一段教学经历是给一群夜校的 MBA 学生上课,班里至少一半的学生年龄比我大,他们都拥有丰富的实践经验。[1]某天晚上的课程主题是组织设计,尤其是关于集权制和分权制的选择,这个选择对组织的激励机制、沟通模式以及决策权等具有深远的影响。我们讨论了分权制的组织设计如何推动创新、激发积极性和自主行为,以及集权制的结构设计如何强化控制、提高效率和加强协调。我传达的核心思想是选择"适合的设计",即将组织结构与企业战略相匹配,这一思想表面上似乎很有道理。

当案例讨论结束的时候，一个受雇于麦道公司（McDonnell Douglas，现在的波音公司）的学生举手反驳道："我完全不同意你的说法。我看着我们公司在集权制和分权制之间反复徘徊，他们之所以这样做跟你讲的内容完全没有关系。"另一位同学附和道："我完全同意（前面发言的同学的观点）。我们公司也在集权制和分权制之间反复徘徊。我很确定管理层完全不知道他们在干什么。"

自这次相当发人深省的教学后，有一个难题一直困扰了我很多年。如果适合（包括与环境相适合和与战略相适合）是组织设计的核心目标，那么为什么企业如此频繁地改变自己的组织设计？难道战略或环境变化的节奏真的如此之快吗？还是只是管理者急着提升公司业绩？

或许我们提出的问题是错的。如果我们假定，实现可持续的价值创造需要公司理论不断帮助指明资产和活动的组合，而这种不断变化的组合需要复杂而不同的组织激励和行为（例如对创新的普遍重视和对缩减成本的执着追求等）的支撑，那么很明显，组织实际上永远也不可能完全与战略相契合。很简单，没有一种内部组织设计（或一组合约关系）能够匹配公司理论所需的全部互补行为。实现可持续价值创造的路径要求推动组织朝许多方向发展。因此，设计一种同时覆盖所有方向或同时关注所有这些行为的战略，显然不如为实现公司理论而进行组织设计、在特定时间聚焦特定战略更为有效。这样看来，组织设计或重点的变化不是由环境变化导致的目标的动态变化引起的，而是在引导个人及组织的关注点方面由目标本身的复杂性和组织设计所具有的局限性决定的。

那节课上我援引的优秀组织结构案例竟然是惠普公司，事后看来，这真是充满了讽刺。毋庸置疑，这个案例有力地证明了适合的重要性——既有不适合的后果，又有修正后的改善。此外，它也证明了组织设计的变化无常和企业对持续的、由领导者主导的动态变化的需求。

没有最适合的组织设计

在我上那天晚上的课时，惠普公司刚好完成了第一次大规模组织结构调整。该公司在这之前长期实行绝对的分权制，有很大的自主性。20 世纪 80 年代初，该公司由 45 个小业务部门构成，每个业务部门自主设计、制造甚至销售自己所生产的特定产品。这种组织设计促使惠普早期作为检验和测量工具制造商获得了骄人的业绩，并使其成为世界上最具创新力的企业之一。

在 20 世纪 80 年代初，惠普已成为计算设备领域的巨头之一，与行业翘楚 IBM 公司的竞争日趋激烈。与以往的单机测试、测量设备不同，用户开始更喜欢经典的极客对极客的交易，将产品放在桌面上，而不需要太多的操作说明，计算需要整合的解决方案——而当时施行各自自主管理的部门生产的组件不能互相兼容，出现重复开发的情况，这使用户不知所措。对于惠普所面临的问题和挑战，它当时的组织设计并不能够提供有效的解决方案。

为了纠正这一问题，从 1983 年开始，惠普开始大刀阔斧地开展制造、营销和工程设计的集权化改革。改革很快造就了奇迹。公司内部达成一致，建立统一的标准和平台，减少重复开发，实施整合方案，结果用户满意度提升，财务业绩也随之改善。此外，管理层相信，有了这种新的组织架构，惠普公司实现了一种使效率和协作与自主和创新相平衡的组织设计。这个案例到这里就结束了，它有力地说明了企业调整战略后所采用的适合的组织设计是如何改善业绩的。

然而，事实证明，惠普这个案例才刚刚开始。大概在我讲课那天，惠普的情形已开始反转——再次开始分权。到了 20 世纪 80 年代后期，惠普公司的创新已陷入困境，新产品的推出总是太迟，决策制定被管理程序耽搁，即使一个简单的决策也需要提上管理层的议程。财务业绩一落千丈。为应对这一问题，惠普公司重新实行分权制的组织结构，增强业务部门的自主权，甚至让业务部门主管离开帕洛阿尔托的总部。结果，惠普的创新能力和整体业绩得到显著改善。通过这次调整，惠普管理层和证券分析师相信，它已经在自主创新所需的能力与协同和效率所需的集权之间找到了最佳平衡点。

第六章 组织的动态设计

1995年,惠普公司再次寻求组织结构的改变,因为它的业绩已经开始疲软,高管们认为需要协调解决方案的开发并整合不同的技术专长。惠普再次向集权制调整。随着协调能力的增强,业绩也获得了改善。惠普的高管层和证券分析师的报告再次表明,惠普已经实现了良好的平衡——如今它成为了一家"更快速、更具竞争力的公司,能提供更完善的产品和服务以及更好的解决方案。"[2]

然而,随着1998年惠普公司业绩再次下滑,新一轮的结构调整毫无意外地开始了。不出所料,惠普公司又转向了分权制,业绩很快有所提高。但是,当惠普首位外聘的CEO卡莉·菲奥莉娜(Carly Fiorina)于1999年上任时,公司部门之间的低效率和缺乏协同的状况令她感到震惊。她立即对公司的组织结构进行了前所未有的高度集权化改革,情况有所改善。到了2004年,董事会和市场分析师要求分权管理,菲奥莉娜面临着巨大压力。随后她突然被解雇了,大多数人认为这是因为她不愿听从董事会的摆布,特别是不愿放松对公司的控制和采用分权管理。新任CEO马克·赫德(Mark Hurd)上任后,自然开始执行分权制,财务业绩再次改善。

有趣的是,在经历了所有这些痛苦而又成本高昂的组织结构调整(组织设计的反复徘徊)之后,惠普公司成了全世界最大的IT公司。从整体上看,它的股票价格远远超过所有大盘指数。这有力地说明,反复进行组织结构调整对于大公司来说不仅不是坏事,还是它们获取持续竞争优势的必要手段。换句话说,组织设计并没有最合适的———一种可以配置内部行为、投资、决策、沟通以及知识流动以共同创造企业预期价值的——稳定方案。组织设计实质上是一个动态过程,即使战略和周边环境是稳定甚至静态的。例如,在整个发展过程中,惠普始终聚焦于两个关键业绩指标——创新和效率,也有人称之为探索和开发。当惠普采用分权治理时,它的创新非常成功,当进行集权治理时,又会推动企业的开发活动。尽管惠普做出了最大的努力并不断尝试战略变革,但它始终无法找到一种能平衡这两个业绩指标的组织结构。相反,随着这两个指标相对重要性的变化,它对组织设计进行了动态调整,从而在两个指标上都获得了成功。

复杂性挑战

即使惠普公司没有追求两个相互排斥的目标,也几乎可以肯定,随着公司的发展,它依然不得不反复重新设计组织架构,这是因为,假设组织设计是稳定的,就会出现另一个基本问题:一个单一的、精心设计的以可评估活动为基础的组织结构,不可能立即产生高度复杂的行为模式。不论多么高明的管理者,都无法构建出能产生可持续的价值创造理论所要求的行为、投资和结果的激励机制、组织结构和相应的社会环境(与追求个体的竞争优势截然相反)。在这个存在多重激励和行为的复杂世界里,任何为了竞争而想要制定全面且稳定的组织结构的尝试，都不可避免地会遇到三个问题：大脑超载、动机分歧、选择不一致。

大脑超载

我们的大脑并不能有效地应对同时将我们推向多个方向的复杂设计。我们的认知能力不适合同时完成多任务。事实上，有研究表明，那些宣称拥有出色的多任务能力的人实际上尤其无能。[3]两位巴黎学者2010年发表的一项研究解释了这一现象。受试者依次接受一项、两项和三项复杂的字母配对任务，研究人员则利用功能性磁共振成像技术监测他们的大脑活动。当受试者接受一项任务时，左右脑半球都专注于执行单一的任务。接受第二项任务后，左脑半球专注于其中一项任务，右脑半球则专注于另一项任务，每个脑半球都独立工作，以实现各自的目标。当增加第三项任务时，受试者总会忘记其中一项任务。他们犯的错误也是执行两项任务时的三倍。结论是，当我们试图同时实现三个目标时，我们只会抛弃其中一个，另外的两个也做不好。[4]

因此，当企业同时实现多个目标和业绩指标时举步艰难就不足为奇了。虽然企业可以将不同的问题、目标和目的分配给不同的团队，以此来分别完成不同的目标，但这种方法有明显的局限性。公司理论所揭示的许多问题、目标和目的会涉及所有的团队和个人，因此不能简单地分为"每个团队两个"。鉴于认知能力有限，要想让企业实现多个目标，就需要随时根据目标的优先顺序进行排序。从纯粹的认知角度来看，要求企业同时实现大量目标不过是浪费精力而已。[5]

动机分歧

即使我们抛开个体的认知局限，要想同时关注多个目标和任务，通常也会遇到一个根本的动机问题。唯一的例外是当公司理论揭示的措施和目标高度相关时——也就是说，当关注一个目标有助于实现另一个目标时。此时，落实措施A所需的行为与落实措施B所需的行为基本相同，激励其中一个行为也会激励另一个行为。然而，这种情况基本上不太可能出现，这也是企业面临的挑战所在。例如，当产生自主性行动和创新所需的行为与产生效率和协调所需的行为不一致时，员工应如何有效回应？要求员工同时完成最大化当前的利润、提高质量、扩大市场份额、做好服务、保证未来的利润增长以及其他所有重要目标时，就会让他们不知如何对目标进行优先排序。[6]

当多个业绩指标在精确度和员工所能控制的程度方面有差异时，动机分歧问题就会更加严重。那些业绩指标难以衡量或难以控制的活动会被放置在一旁，而那些能产生可衡量的结果、更加容易控制的活动则更被重视。对难以衡量和控制的任务缺少关注，导致企业业绩下滑。史蒂文·克尔（Steven Kerr）在其文章《种瓜得豆的荒唐事》(On the Folly of Rewarding A While Hoping for B) 中最先看透了这一常见问题的本质。随后，经济学家正式将这一问题命名为"多任务问题"[7]。

不管如何命名，该问题的影响都是明显的。衡量业绩的所有指标，并对每个指标的改善进行奖励，并不会产生企业所需的行为。注意力是选择性的。要将注意力转移到那些难以衡量但是最核心的指标上，就需要减少对其他绩效指标的激励。例如，如果产量易于控制和衡量，而质量难以衡量和观察，那么以产量为导向的激励措施就会减少企业对质量的关注。能够平衡所有关键指标的激励组合并不存在，所以对于许多公司来说，它们所能选择的最佳方案就是不采取任何激励措施——真是一个相当糟糕的解决方案。

选择不一致

由于有效的组织设计是一系列互补的选择，试图寻找综合性的设计方案就更加困难了。组织设计不是照单点菜的练习。相反，它要求从能互相补充、激励所需行为和结果的设计元素中进行选择。因此，组织设计本身就是不相关的。要设计一种能有效激励一种行为的组织结构，就需要选择一些无法激励另一种行为的元素。要想设计一个能够激励所有必要行为的组织结构，就需要选择多种高度不一致的元素。

举例来说，将集权制和分权制作为两种截然不同的组织设计模式，每种模式都会产生不同的行为轨迹。本章开头惠普公司的案例说明，分权制能推动决策、沟通和知识流动，从而促进探索与创新，而集权制能减少冗员，加强协作，从而提升效率。每种模式都需要在组织设计、激励措施和评估体系方面做出不同的选择。分权制结构将决策权和业绩评估下放，能提供有力的激励；集权制结构将决策权和绩效评估收归企业高层，提供的激励水平通常较低。

当然，有时候公司理论能与内部一致的组织设计紧密结合。例如，谷歌的公司理论要求分权制的组织设计，该理论与前沿的突破性技术开发有关。谷歌相信应该将新技术放到市场上去进行检验，唯一需要担心的是它后续能否转化为利润。关键是聘用最优秀、最聪明和最有创造力的员工，为其提供资源去追求他们自己选择的新机会。因此，谷歌的组织架构是分权制的，为个人和团队的项目开发赋予高度的自主权。它的激励措施与小型创业公司的激励措施类似（但它们的激励水平更高），它的企业文化也追求相同的非正式性。谷歌几乎没有对这些追求各异的多样化业务单元进行整合。

只有极少数情况，公司理论所预见的全部行为和投资能与管理者可采用的独立设计方案的结果相契合。正像我们从惠普的案例中所看到的，许多公司既需要集权带来的紧密整合、协同及简化能力，也需要分权带来的更加自主的适应性和创新性。事实上，虽然分权和集权的组合方式各不相同，但几乎所有企业可持续的价值创造都要求两者兼顾——不断生产创新型产品和服务，同时持续提升生产和分销效率。当然，组织设计的问题更为复杂，因为相当多的业绩指标既不能与分权相契合，也不能与集权紧密契合。

动态设计的逻辑

企业如何解决这些难题，从而设计出一种能同时关注公司理论所揭示的多重目标、任务或投资的组织结构，关键在于企业要把组织结构设计视作动态而非静态的过程。

尽管我们不断强调共享企业愿景的重要性，在某一时刻，个人的工作可能都集中在一组相当有限的目标上。这背后有着充分的理由。正如丹·利文索尔（Dan Levinthal）和森迪尔·艾斯哈（Sendil Ethiraj）所说，关注的目标和重点能够让个人明确地知道哪些行为会受到激励。[8]单一或有限的目标配合恰当的组织设计，能够激励人们集中注意力。这种聚焦加速了企业的发展，尽管这种发展相对于整体业绩指标或公司理论预期的行为和投资是不平衡的。当然，公司理论所揭示的业绩指标和期望行为之间的互补模式，能确保对其中一个目标的广泛关注会提升未来关注另一个目标带来的回报。

换句话说，如果企业在产品的生产和分销环节变得极简且高效，那么价值创造的最佳路径可能就会是利用这一系统生产创新型产品；

如果组织具有极大的创新性，并已生产出一系列创新型产品，那么价值创造的最优路径便是精简生产和分销环节。动态设计需要选择目前的最优路径，同时认识到企业未来可能转向另一路径。

从这层意义上来说，最佳的组织设计有点像顶风航行。如果试图按照直线航行的方式安排主帆、三角帆和船舵，船并不会前进（或后退）。但是，如果按照与风向呈40度角的方向航行，船便能快速朝想去的方向前进。但随着船在这个方向上继续前行，调整方向的好处逐渐显现出来，下一步就是改变方向，朝偏离风向40度的另一个方向前进。虽然每次改变航向会暂时影响前进，但技巧娴熟的水手了解主帆、三角帆和船舵的配置，能最大限度地减少耗费的时间。通过定时的顶风转向，这艘船到达目的地的时间远比它一直保持直线航行更快。

同样地，经验丰富的组织设计者也会利用组织设计要素——结构、措施和激励机制——设计协调一致的能帮助企业走上有价值的路径的组织形式。然而，恰恰是目前路径的成功让选择另一形式和路径的好处渐渐显现出来。动态调整设计和重点的好处在某种程度上是因为当前重点所带来的好处并不会随着重点的转移而迅速消失。因此，分权为企业带来的创新能力并不会随着其结构转向集权而立即消失，它的效果是有惯性的。因此，企业在推行自己的公司理论——试图产生活动、投资或行为的互补性组合时，动态选择组织

第六章 组织的动态设计

架构变革的模式和节奏非常关键。动态调整重点、任务和组织架构的能力正是我们在高效能组织中观察到的共性。重点是懂得什么时候该做什么调整。

动态设计的方法

在管理动态设计时，领导者的首要任务就是决定特定时刻的最优路径——不断监控当前组织结构的效果，确定在什么时候转向另一结构能使企业业绩最大化。组织结构变革的决策一旦做出，能够实现的路径便有千万条，高明的领导者可以采用其中之一或全部。对一些企业而言，通过周期性结构变革能最好地实现动态设计。但对另一些企业来说，动态设计可能仅仅意味着一整套有序的规划。下面我们逐一进行简要探讨。

结构的变化

组织具有极大的惯性。组织内部的沟通模式、工作流程、决策过程都抵制变革，因此，要改变组织的焦点和注意力，和风细雨的推动是不够的，它需要更积极的助推。正如惠普公司的案例所揭示的，重大的结构变革恰恰能提供这种推力。25年来惠普一直在集权和分权之间变换，它的焦点也在创新和效率之间不断转换，相比始终如一地坚持最初选择的最佳结构，这种策略能获得更大的收益。

惠普的案例并不鲜见。下面"福特的动态设计"详细地描述了福特公司在全球化过程中所做的努力,它同样在两种不同的组织结构间变换,以实现本土化设计和提高全球生产效率的双重目标。

福特的动态设计

汽车企业全球化成功的关键在于两个主要的业绩指标:(1)能够满足当地客户品味和偏好的定制化产品;(2)通过标准化模型、零件和平台来实现的设计、采购和装配中的全球效率(规模经济)。这两个指标就提高业绩而言是互补的。定制化设计能增加销量,达到一定规模才能进行效率化生产,而规模则能提供有竞争力的价格和销售本土化定制汽车所需的效率。然而,虽然本土化定制和规模经济就业绩而言是互补的,但两者在生产方面却是相互替代的。换句话说,推动本土定制汽车业务的组织设计与推动规模经济的组织设计是相互矛盾的,试图两者兼顾的结果就是两者都做不好。结果,福特公司发现,多年来最有效的方式是在两者之间不断转换。

几十年来,福特汽车公司一直在全球实行分权管理,每个地区在设计、制造和采购方面有着极大的自主权。结果,虽然福特汽车制作精良且符合本土消费者偏好,但由于分散的地区业务单元产生的重复设计和全球不兼容问题,其生产成本很高。为纠正这一问题,1994年,福特公司开始在全球范围内集中采购、设计和制造业务。随着福特公司开始利用规模经济、通用设计平台和全球购买力,它的生产成本大幅下降,利润迅速增加。然而,采用集权管理后,区域经理在产品设计上失去了相当大的自主权。长此以往,结果不出所料——福特汽车不能适应本土消费者偏好和情况。不久,福特汽车在国际市场上的销量大幅下滑:在欧洲,福特的市场份额从第二位下跌至第四位;在巴西,它的市场份额下降了4个百分点[1]。不出所料,2000年,福特开始实行大规模的分权管理,区域经理的自主权甚至比1994年之前还要大。

结果,福特数十年的部门自治孕育了高度的创新和本土设计能力,但这也导致部门协作极差。六年的集权管理孕育了高度的协作能力,但这也导致设计与本地偏好脱节。然而重要的是,由于六年的组织结构变革,福特在2000年的效率无疑更高。它现在拥有了统一的平台和更通用的零部件,而且最重要的是,它改变了全球业务部门之间的沟通模式和设计程序。或许,福特本应更快地将组织结构变回去,或寻找方法建立具有更大的设计自主权的平台,但是,不可否认的是,通过实行短暂的集权管理,福特实现了分权管理无法实现的全球效率。

[1] Kathleen Kerwin and Keith Naughton, "Remaking Ford," BusinessWeek, October 10, 1999.

当然，组织变革的模式比简单地在集权和分权之间变换更复杂。公司理论揭示了组织设计可以从多个维度提升企业业绩。例如，咨询公司和会计师事务所要想取得成功，需要利用现有的关系，共享行业的特定知识，并迁移最佳实践。其中每一种都需要有独特的组织设计。地缘性的结构有利于接触高级合伙人，行业性的结构有利于共享业内机会和发展趋势的信息，而功能性或实践性的结构则有助于咨询领域之间共享最佳实践经验。咨询公司和会计师事务所无外乎在这三种结构之间转换。每一种组织结构能有力地推动某个关键业绩指标的改善。因此，对这些企业而言，可持续的良好业绩需要动态变革，而且它们发现相比坚持一种组织结构，有序变革的组织结构能取得更好的业绩。

新方案与目标排序

调整组织结构只是改变重点的一种方式，领导者需要建立和部署有序的规划，将企业的注意力放在公司理论所揭示的不同目标、问题和业绩指标上。通用电气的杰克·韦尔奇是有序规划的行家，每一个新方案都指向一个新的问题类型或新的业绩指标。

在杰克·韦尔奇掌舵的 20 年间，这些方案渐渐地给通用公司带来了巨大的变化。一段时间内，通用电气将工作重点放在了通过并购计划精简机构、裁员和业务整合上，目的是使主要业务获得业内数一数二的地位。然后，它开始痴迷于群策群力，即关注员工参与、快速决策及解决影响业绩的内部问题和障碍。接下来，它的工作重心又向外转移，致力于寻找和借鉴最佳实践。通用电气随后又将重心转向服务，要求业务部门将总体销售量中聚焦于服务的部分从原来的60%提高到80%。最后，韦尔奇引导通用电气将重点放在了"六西格玛"上，强调提升质量和削减成本。

一些企业，尤其是那些在收购方面很有经验的企业，都是有序规划的行家。它们早就编好了剧本——随着时间推移适时用在收购中。例如，自1995年创立时起便保持年均25%的股东投资回报率的丹纳赫集团（Danaher），便拥有一个"百宝箱"，其中包括许多方案、流程和培训模块，可以根据情况进行选择。这些工具和培训模块主要关注价值销售、客户细分、产品生命周期管理、创意、精益软件设计、供应链管理、六西格玛、评估分析等数十项内容。它们主要针对企业的各种目标、行为、业务领域和业绩指标。虽然所有这些工具可能在企业发展的某一阶段得到应用，但收购后通常会有一个普遍的初始顺序。因此，领导者在动态设计中的任务就是辨别和选择计划、方案或结构的最佳顺序。

不论组织结构发生怎样的改变，重大的变革总是伴随着领导层的更替。我们来看一下数十年来一直致力于创新的3M公司，它的组织结构、文化和政策都以开发新产品为目标。它的经营理念是：

聘请最优秀的科学家，为他们提供丰富的资源，让他们尽情运用和发挥。公司鼓励员工将15%的时间用于开发自己感兴趣的创新项目。但在20世纪90年代末，3M的股价一直稳定不变。大家普遍认为，3M虽然擅长探索新的产品领域，但不善于从所占领的领域中榨取利润。几年来，它的成本增速一直是销量增速的两倍。

为了解决这一问题，董事会想要寻找一个善于执行的新CEO，最后外聘了通用电气的高管吉姆·麦克纳尼（Jim McNerny）。当时，通用电气正在推行六西格玛，吉姆·麦克纳尼将这种变革的激情带到了3M公司。在接下来的四年半时间里，吉姆·麦克纳尼运用六西格玛，辅之以降低成本和寻找资源的方案，将3M公司的重点转向通过降低成本和减少浪费来利用现有产品占领市场。在这个过程中，3M公司从所谓的科学家的游戏场变成了一个更加集权和有纪律的组织，结果公司的利润和股价快速上涨。

到2005年吉姆·麦克纳尼离开3M加入波音公司为止，3M在他的领导下将重点放在开发和效率上，虽然增强了3M公司的盈利能力，但也使该公司损失了很大的创新能力。董事会转而任命一名内部人员为CEO，新CEO致力于3M公司的创新。有人认为，吉姆·麦克纳尼时期该公司走了一段放弃3M的宝贵历史财富的弯路，但这一观点忽视了一个事实，在进入这一新阶段之前，3M公司解决了被长期忽视的问题，获得了新的组织流程、技能和更好的运营经验。然而此时，现实状况要求公司转而采用它原本更擅长的模式。（这个案例对另外两家一直以专注于创新而闻名的企业或许很有参考价值，参见"苹果和谷歌应该变革吗？"）

> **苹果和谷歌应该变革吗？**
>
> 人们可以找到有力的证据证明，苹果公司从孕育新观点和方案的分权制组织结构中获益良多。一家如此擅长设计的公司可能会受益于分权所带来的许多新创意。相比之下，谷歌公司可能会受益于持续的集权制组织结构，这种结构可以将不同的技术和应用程序整合成更连贯、更友好的用户体验。诚然，这些组织结构不会永远奏效。对苹果公司来说，永久的分权制将会使其整合和有效利用用户经验的能力遭到减弱；对谷歌公司来说，永久的集权制会使其丧失广泛的创新能力。

3M公司领导层的变化反映了一种常见的模式。北京大学汇丰商学院教授晏介中（James Yen）在华盛顿大学攻读博士学位期间曾开展了一项有趣的研究，他调查了1992—2011年所有上市公司的CEO继任情况。他根据专业背景和经历将CEO分为两类。他称其中一类为"产出型CEO"，这些人具有战略规划和咨询、创业、销售、研发背景；他称另一类为"产力型CEO"，这些人则具有制造、财务、会计、工艺流程、人力资源和法务背景。

晏介中发现，企业总是不断在这两类 CEO 之间轮换，他特别指出，企业接下来要选择的 CEO 类型是可预测的。企业雇用其中一类 CEO 的时间越长，随后雇用另一类 CEO 的可能性就越大。尽管这种"产出型 CEO"和"产力型 CEO"的简单分类掩盖了很多细枝末节和复杂之处，但其结果却进一步支撑了动态设计的基本原则。企业在追求公司理论所展现的互补性目标、经营行为和投资活动时能够提高业绩，然而，同时追求所有这些目标是不切实际的。产出型方案和产力型方案就业绩而言是互补的。因此，有些讽刺的是，CEO 因为其方案本身的成功而丢了工作：他们在所擅长的事情上取得的成功激发了企业改变路径的动机。

这一原则并非只适用于 CEO 的选择，相反，它适用于组织的各个层面。组织结构设计的任务是要动态地构建公司理论所揭示的价值，而公司理论揭示了对价值创造至关重要的一系列目标、行为和投资活动。为了不断地对企业的工作重点进行排序，领导层的更迭可能是个有价值的杠杆。

本章要点

本章讨论的第一个要点：

● **不存在能够产生所有期望行为的组织设计。** 企业需要持续监控自己的当前位置——相对于公司理论及其所揭示的一系列行为、目标和投资的当前状况。对变革的需求通常不是失败的表现，而是成功的征兆。正是因为旧设计的成功才需要采用新设计——这提升了这种新方法的收益，新方法引进新的互补性投资或促进一组新的互补性行为。

这一观点顺理成章地引出第二个要点：

● **组织设计是一个动态优化问题。**组织设计并非如此简单：什么是符合我公司理论的最佳组织设计？相反，关键问题在于：目前最合适的组织设计是什么？不同的设计可以解决不同的问题，并引发不同的经营行为和投资活动。领导者的任务是辨别当前最亟待解决的问题以及解决这一问题的组织设计，还要认识到企业今后的问题和设计将与当下截然不同。

这就引出了第三个要点：

● **时机就是一切。**在组织结构设计的过程中，时机是最重要的工具。正像乘风破浪的水手那样，你的挑战并不仅仅在于整合必要的变革方案，以期能朝你选择的方向加速前进，你还需要知道在适当的时候实施这些方案。不恰当的时机会毁掉原本非常成功的设计。

第七章　引领公司理论

在本书中，我们已经探讨了公司在进行价值创造的过程中，获得持续增长需要哪些固有的关键路径和任务。在最后一章中，我将探讨战略领导者和价值创造者的个体角色。首先要明确一点：我所写的内容并非只针对大公司的高层管理者。

可以说，相较于大型企业的 CEO，对小型的初创公司的 CEO 来讲，合理的战略思维和强有力的战略领导力更加重要，也更能带来回报。大部分伟大领导者的战略天赋——如沃尔特·迪士尼、史蒂夫·乔布斯、山姆·沃尔顿（Sam Walton）等人——并不是在他们

第七章 引领公司理论

执掌大公司时显现出来的。相反,这种天赋出现在他们领导初创公司之时。他们很早就构建了强有力的公司理论,帮助他们将小公司变成了商业帝国。

此外,战略领导力不仅对公司高管层很重要。公司的持续价值创造既是由战略领导者领导的,也是由遍布公司各个层级、各个领域的战略领导者(员工)共同实现的。因此,价值创造的能力也并不仅仅来自可能已经过世很多年的CEO所创立的强有力的核心理论(当然这的确有帮助),企业之所以能取得成功,是因为有很多擅长以下两点的战略领导者:

● 吸收和检验广泛的公司理论。

● 发展和追寻自己的价值创造理论,这样的理论有时衍生自广泛的公司理论,但更多时候是全新的思想。

正如我所讨论过的,这种新颖的理论对价值创造至关重要。不论处于组织的何种位置、担任何种职务,卓越的战略领导者都能够发现其他人无法发现的价值创造路径。如果你的愿景里只有其他人所看到的东西,那么作为一个价值创造者,你是多余的,很容易被取代,因为你的见解没有独特的价值。

不是每个人都会从价值创造的角度看待领导力。有关领导力的大量文献只关注如何强有力地激励和领导团队。然而,领导和激励员工仅仅是价值创造的关键要素之一。如果说领导力仅指领导和激励,那么战略领导者还需要一个额外的技能——确定领导企业实现什么目标。最近的一项研究表明,在同事、下属和上级管理者眼中,战略思维和领导的能力要比所有其他被研究过的领导行为重要得多。[1]然而,将战略思维视为决定领导企业实现什么目标的观念已被忽视——它需要引起更多的关注。

战略领导者在他们所能影响的任何一个角落持续不断地寻找、评估、探索和开拓价值创造的新路径。从这个意义上说,战略领导者就像维京人一样,不断探索和征服新的土地。作为探险家,他们扮演多种角色。他们是地图绘制者,开发未知领域的代表;他们是航海家,寻找前景广阔的探险路径;他们是造船师,不断改进船只,以提高航行的速度;他们是经验丰富的水手,通过有序安排的航线校准快速抵达目的地。总之,战略领导者扮演以下三个角色:

- 构建强有力的、能够创造价值的理论,指引价值创造的路径。

- 与关键的要素和资源所有者沟通交流,让他们接受自己的理论。

- 对探索的重点和注意力进行动态排序,实现领导者所构想的价值。

第七章 引领公司理论

扮演所有这些角色的领导者将成功地激励和指引其他人也扮演战略领导者的角色。在大型组织中，领导者以这种方式调动人才，可以帮助组织获得持续的竞争优势。

构建理论

在创业和领导力领域，大部分文献都关注行动的必要性——在早期便迅速验证设想、检验产品。事实上，精益创业概念的核心思想——该概念最近风靡一时，为众多管理者所追捧——是关于快速行动和快速调整的。它描述了一种围绕"科学方法"所构建的创新方法，在这种方法中，反复进行的试验持续改变企业的发展轨迹。[2]

这种科学方法似乎忽略了一个事实，即突破性的科学研究主要是由引导具体试验的理论力量来推动的，而不取决于试验的速度。"走出去""行动起来"拥有巨大的吸引力，因为我们大多数人认为自己首先是"行动派"，然后才是"思想家"。但是为了促进重要的价值创造，多思考要远远比多行动重要。

那么伟大的战略思想家是怎么想的呢？他们构建能揭示问题的公司理论，这些问题一旦得到有效解决，便会产生巨大的价值。这些问题可能有很多类型：客户问题（可能是未满足的需求）、生产问题（或许是制造瓶颈）、营销问题（也许是偏离目标的营销信息），等等。哲学家卡尔·波普尔（Karl Popper）有一句名言："生活就是

153

解决问题。"[3]我稍作修改：生活就是发现问题和解决问题，在商业领域尤其如此。

战略领导者首先是出色的问题发现者。他们构建能识别并解决新的、"有价值的"问题的价值创造理论。[4]据报道，阿尔伯特·爱因斯坦说过："如果我有一小时的时间去拯救地球，我将花费59分钟的时间确定问题，然后利用剩余的1分钟去解决它。"[5]伟大的战略思维认为发现并清晰地构建一个有价值的问题，可以大大提高解决问题的收益，并确保行动更为有效。

因此，战略领导者的首要任务就是构建理论，揭示那些如果得到有效解决就能在他们所影响或控制的领域创造价值的问题。所揭示的问题越严重，创造价值的机会就越大。最好的理论可以揭示其他人甚至那些"存在"这些问题的人完全没有察觉的问题。霍华德·舒尔茨（Howard Schultz）和他的星巴克发迹史早就在商业书籍中被广为传颂。但对我而言，真正有趣的是，霍华德·舒尔茨远在被迫成为企业家前便发现和推广了一个强有力的价值创造理论。

在米兰参加贸易展会时，舒尔茨参观了一些意大利咖啡店，并品尝了它们的咖啡。这一经历让他发现了一个极有价值的问题：美国消费者缺少品尝高质量咖啡的机会和舒适的享用咖啡的实体环境及社会环境。虽然舒尔茨并非第一位在意大利咖啡店品尝咖啡的美国游客，但他可能是第一个从中发现了一个理论的人，即对意大利模式稍作修改便可以解决美国人尚未发觉的问题。当他的老板，即星巴克的创始人，明确表示对他的理论和所揭示的核心"问题"不感兴趣时，舒尔茨只得自己采取行动了——从他的前任老板手中收购了星巴克。

尽管公司通过开展持续的试验自然而然地了解到价值创造的整体理论，但事实上理论早就已经悄悄存在了。这一理论提供了所有的试验灵感，揭示了产品采购、店铺设计和格局、商品组合、店铺所有权（特许经营或独资）、激励和控制、客户教育以及垂直整合等一系列亟待解决的附属问题。

总的来说，被识别出的初始问题越复杂、新颖和有价值，据此勾勒出的路线图或指导理论就越有价值。简单的问题不需要路线图——因为解决问题的路径相当明显，成功的关键在于赢得通往终点的比赛。然而，在复杂的情况下，有价值创造理论指导的人能看到别人无法察觉的事情，包括通往完整的和有价值的解决方案的路径。正是乔布斯关于用户价值的独特理论揭示了全新的问题，发现了别人不曾留意的解决路径。然后便有了一系列革新性的试验。与试验本身的速度和次数相比，战略成败之间的差异与试验背后的理论质量关系更大。更进一步说，实现价值创造需要更好的理论，而非快节奏的调整。

推销公司理论

遗憾的是，有价值的战略思想内在的新颖性意味着领导者需要说服其他人追求他们所认定的价值创造路径。高层管理者向投资者推销自己的公司理论——主要是那些承诺能实现最大价值的公司理论——所面对的挑战，中层管理者很少面对。最具价值的战略思想无论从个人层面（职业发展）还是组织层面（提升价值创造能力）来说都是新的，而新的东西总会遇到阻力。风险投资公司安德里森·霍洛维茨（Andreesen Horowitz）的联合创始人本·霍洛维茨（Ben Horowitz）指出，那些创办了伟大企业的人总是被"嘲笑"，但他认为："如果你受社会环境的影响，你就不应该成为企业家。"[6]这一观点不仅对于企业家，对于所有的战略领导者来说都是极具价值的。不论成功还是失败，战略领导者在说服他人之前，首先要彻底说服自己。

推销公司理论或者说服他人接受你的战略思想的难度，会随内容的新颖性而呈指数增长。虽然霍华德·舒尔茨是一名成功的企业家，但作为员工，他并没能说服他的上级相信他所思考的价值。这种故事并不鲜见，通常无法说服上司会促成下属选择创业。尽管对于新创业者来说，这并不一定是一个糟糕的结果，但对公司来说，它却错失了良机——尤其是在被迫创业背后的初始理论很可能需要

第七章 引领公司理论

利用公司现有的资产和能力时。因此,与不得不白手起家的战略领导者相比,能成功说服现任老板的战略领导者更有可能实现他的理论。并且,需要被说服的人不仅仅是老板,还包括与战略领导者共事的每一个人——不论公司内部还是外部——都必须为这一理论买账。

因此,构建价值创造理论之后,关键任务就是精心组织语言,引导其他人看到你所看到的前景——清晰的表达和清楚的逻辑对于说服他人来说至关重要。心理学研究也印证了这一点。例如,在少数派已经说服了中立的大多数人的情况下,客观、自信、没有偏见地表达立场会比努力用其他方法去说服更成功。[7]因此,尽管很多文章都认为获得权力和巧妙的政治手段有助于管理者在组织中表达自己的意愿和愿景,但更重要的是,管理者要令人信服地阐述强有力的价值创造路径。正如乔布斯的传记中所反映的,他不是政客,但他精通语言的艺术——他曾经强有力地阐述了他的价值创造理论。生动的比喻可以有力地传达独特的观点、视角或理论。在带领团队生产第一款完全符合其理论要求的产品麦金塔电脑的过程中,乔布斯有时将要设计的电脑比喻为保时捷汽车,有时又将它比作一台看上去"友好"的机器。乔布斯的这种语言勾画出了一个有意义的形象,给产品试验提供了指导原则,最终生产出了这一出色的产品。

战略领导者的任务是说服他人一起追求价值创造的新路径,行

157

政指令是没有用的。正如联合信号公司（Allied Signal）的前任 CEO 拉里·博西迪（Larry Bossidy）所说："大喊大叫着赶着员工去提高业绩的时代已经结束了，现在你必须帮助他们看到自己在前进中的收获，建立信任，告诉他们达成某个目标的理由，以此来吸引他们。当你做完所有这些事情，他们自己就会来敲你的门。"[8] 如果正如本书所述，公司理论应推动各种决策，包括公司的业务组成、投资活动和组织架构，那么这一点就变得至关重要：战略领导者要使其他人看到并相信他们所看到的美好愿景。

掌控组织动态

正如本书所解释的，强大的价值创造理论揭示了无数需要解决的问题、追求的活动和待做的试验。同时，认知、行为和组织层面的局限性严重限制了企业同时通过所有路径实现价值创造的能力。战略管理者意识到，在价值创造中将注意力集中在特定的业绩指标和问题上要比漫天撒网有效得多。战略领导力就是要区分优先次序，它要求管理者在特定时刻选择最优的价值创造路径。

因此，战略管理者必须能够熟练掌握组织焦点和注意力的动态变化，不仅要清楚组织必须做什么，还要对做事情的时机有更清晰的判断——知道说服谁在什么时间和地点做什么。战略领导者利用组织的杠杆和沟通平台去指导其他人的探索工作和价值创造工作，

第七章 引领公司理论

从而掌控组织的工作重点。回想杰克·韦尔奇执掌通用电气的那20年,他卓越的领导力既是其战略远见的产物,也得益于他不断转移组织的焦点和注意力、探索价值创造的新路径、促使通用电气的管理者不断解决新问题的非凡能力。一段时间内,公司的焦点在于竞争定位和业务单元的规模,随后焦点被转移到授权员工解决更多的本地化问题上,接下来又转移到全球化业务拓展、服务产品范围拓展以及质量和流程优化上。这些转变中穿插着其他各种举措。通过转移焦点,韦尔奇调整了公司发现问题和解决问题的领域。这些改变带来的是价值创造的最优路径。同样,迈克尔·艾斯纳在执掌迪士尼的第一个十年里的辉煌得益于他能不断地推动企业发现一系列符合迪士尼公司理论的、能创造价值的新投资。

组织结构设计是影响企业焦点和注意力的最有力的一个工具。不同的设计可能会带来发现和解决问题的不同方式。例如,正如我们在第六章所讨论的,高度的集权制组织结构会导致企业关注效率和协作问题,而高度的分权制组织结构会促进创新。但是组织设计是一门很有难度的艺术,需要游刃有余地做好权衡并处理好各项矛盾。没有哪种组织设计能激励所有预期的价值创造行为。不仅如此,企业一旦采用了聚焦某一方面问题的组织结构,随后通常会发现改变组织结构和焦点的收益会变得越来越大。组织变革的合适时机和合理范围取决于战略领导者。

许多 CEO 都是偏才，只能推动某一项业务走向成功。当这条发展道路走到尽头，或当价值创造的最佳路径发生了转移时，他们便不能再提供必要的新焦点或方向。他们的任期一般都很短暂。长期在位的 CEO 不仅拥有广阔的视野，而且具备朝着目标动态前进的能力，他们能认识到任何一条路径对实现所要追求的全部价值的局限性。整个组织内的战略领导者也都是如此。他们都能认识到，自己无法一次性实现价值创造的所有维度。相反，他们懂得选择当前的路径。

本书开篇就说明了企业在实现价值创造的过程中所面临的困难。不懈地创造价值、同时超过投资者的期望是个极高的标准。无论你的角色是什么，CEO 也好，抱负远大的管理者也好，仅凭个人的努力往往是不够的。

因此，归根究底，战略领导的挑战是双重的：一是你必须有好的想法，二是你必须能说服和激励他人战略性地思考如何实现这个想法。这个想法越复杂独特，就越有价值，然而这也意味着你更需要别人具备战略思维或高明地发现问题和解决问题的能力。为了实现好的想法，你需要他人和你一起发现问题和解决问题。你需要他人进行战略思考并巧妙地说服他人一起努力实现。一旦你能在这方面取得成功——这要归功于一个能够清晰表达并支持你的组织决策的合理理论——那么你将创造出一个强大的良性动态机制：当人们增长了自信并能够清晰地表达，他们自身说服和激励他人的能力也会获得提升。

伟大的德国指挥家赫伯特·冯·卡拉扬（Herbert von Karajan）热衷于马术，而且他很喜欢拿自己的职业与这项运动进行比较。他曾说过，指挥交响乐，正如指导马匹跨越障碍："你不能代替它们跳过栅栏，你必须指导它们沿着正确的方向前进。"[9]换句话说，挑战在于指挥马匹跳过栅栏或指挥交响乐队以正确的方式演奏音乐。要做到这一点，你需要知道什么是正确的——为让一段音乐听着悦耳，你需要怎么做。你必须能够向乐队中的音乐家解释你的观点，还必须组织好排练，从而让音乐家演奏出你想要的效果。

作为一个力求让你的组织超越竞争优势——沿着可持续创造价值的轨迹前进——的战略领导者，你的任务就是做一名技巧娴熟的作曲家和指挥家，看到他人无法察觉的价值，不断以合适的节奏和动作来组合活动和资产。能成功做到这些，投资者自然会不断对你报以热烈的掌声。

注　释

导　论

[1] Charles S. Pierce, "The Logic of Abduction," *Pierce's Essays in the Philosophy of Science* ed. Vincent Tomas (New York: Liberal Arts Press, 1957), 195–205.

[2] Michael Porter, "What Is Strategy?" *Harvard Business Review*, November-December 1996.

[3] Dan Lovallo and Lenny T. Mendonca, "Strategy's Strategist: An Interview with Richard Rumelt," *McKinsey Quarterly*, August 2007.

[4] Ibid.

[5] Thomas J. Peters and Robert H. Waterman, Jr., *In Search of Excellence: Lessons from America's Best-Run Companies* (New York: Harper & Row, 1982).

[6] John A. Byrne, "Oops! Who's Excellent Now?" *BusinessWeek*, November 5, 1984.

[7] James C. Collins and Jerry I. Porras, *Built to Last: Successful Habits of Visionary Companies* (New York: HarperBusiness, 1994).

[8] James C. Collins, *Good to Great: Why Some Companies Make the Leap—and Others Don't* (New York: HarperBusiness, 2001).

[9] Bing Cao, Bin Jiang, and Tim Koller, "Sustaining Top-Line Growth," *McKinsey Quarterly*, May 2011.

第一章

[1] 本章主要得益于同 Teppo Felin 的合作，尤其是 Teppo Felin 和

Todd R. Zenger 的文章 "Entrepreneurs as Theorists: On the Origins of Collective Beliefs and Novel Strategies," *Strategic Entrepreneurship Journal* 3, no. 2 (2009): 127-146 及 Teppo Felin 和 Todd R. Zenger 的文章 "Strategy, Problems, and a Theory for the Firm," *Organization Science* 27, no. 1 (2016) 222-231。本章也得益于我同 Nick Argyres 的合作（参见 Nick Argyres 和 Todd R. Zenger 的 "Capabilities, Transactions Costs, and Firm Boundaries," *Organization Science* 23 (2012): 1643-1657）。

[2] In James Burke, PBS Documentary *Connections*, 1979.

[3] In Josh Ong, "Steve Jobs' 'Lost Interview:' Design is keeping 5,000 things in your brain," appleinsider, November 15, 2011.

[4] 参见 The Theory of the Business (*Harvard Business Review*, September–October, 1994)。Peter Drucker 也认为，公司有一套"商业理论"来指导选择，这些理论有时是正确的，有时是错误的。

在过去20年里，心理学家建立了一种新的、影响力愈来愈大的人类学习理论。该理论的名称很怪异——理论理论，这一理论提出，从婴幼儿时期起，人类的学习就是通过构建和遵从有关周围世界的理论来完成的。例如，婴幼儿通过构建有关语言和语法的理论来学习语言，接着，他们以可预测的方式利用这些理论来构建与他们听到过的句子极不相同的句子 [Noam Chomsky, *The Logical Structure of Linguistic Theory* (New York: Plenum, 1975)]。因此，通过像科学家那样行事——从认知上构建理论，形成假设并进行试验，我们得以学会在这个复杂的世界里找到方向。我们的理论被用来指导自己的行动，为我们提供独特的视角，同时被用来过滤我们对世界的直观观察，从而更好地做出行动。我们还可以对此进行合理的延伸，认知发展水平较高的个人非常善于构建准确的理论，形成假设，处理反馈，然后恰当地升级这些理论。

[5] 有关"内部视角"的逻辑来自与战略有关的文献［参见 Jay Barney 的文章 "Firm Resources and Competitive Advantage," *Journal of Management* 17, no.1 (1991): 99 – 120; Richard P. Rumelt 的文章 "Towards a Strategic Theory of the Firm," in *Competitive Strategic Management*, ed. Robert B. Lamb (Englewood Cliffs, NJ: Prentice-Hall, 1984) 556 – 570］。

[6] 载于 John Steele Gordon 所著的 *The Business of America* (New York: Walker & Company, 2001)。对于 Hennry Ford 提出的汽车模型，他说："我并没有发明什么新东西。我只是把几百年来其他人的发现整合到一辆汽车里。"

[7] 战略文献基本形成了共识，这一共识与 Rumelt 的说法也是一致的，即"公司的竞争定位取决于一系列由整合而来的特色资源和关系"［Richard P. Rumelt, "Towards a Strategic Theory of the Firm," in *Competitive Strategic Management*, ed. Robert B. Lamb (Englewood Cliffs, NJ: Prentice-Hall, 1984), 556 – 570］。他认为，公司的优势地位是通过集合或"组合"形成公司特色能力的一系列特色互补资源、业务或资产来取得的。这类优势地位是通过与附加或互补资源（业务或资产）的合作关系而实现的，如将资源进行整合捆绑，可以创造比未整合资源总值更大的价值。比如，参见 Raphael Amit and Paul J. H. Shoemaker, "Specialized Assets and Organizational Rent," *Strategic Management Journal* 14 (1993): 33 – 47; and Cynthia Montgomery and Birger Wernerfelt, "Diversification, Ricardian Rents and Tobin's q," *Rand Journal of Economics* 19 (1988): 623 – 633)。其他学者使用诸如"资产存量的交叉联系"(Ingemar Dierickx and Karel Cool, "Asset StockAccumulation and Sus-

tainability of Competitive Advantage," *Management Science* 35, no. 12（1989）：1504 - 1513）及"选择和活动的整合组合"［Pankaj Ghemawat, *Strategy and the Business Landscape*, 2nd edition（Englewood Cliffs, NJ：Prentice Hall, 2005）］这些概念来描述这些能力的起源及它们引发的租金。

［8］Walter Isaacson, *Steve Jobs*（New York：Simon & Shuster, 2011），85.

［9］Ibid, 561.

［10］当然，施乐的确试图对这一技术进行商业化利用。它在 Mac 电脑上市前三年推出了自己的计算机，定价为 16 000 美元，目标为文字处理市场。但这款计算机过于臃肿，并未获得成功。

［11］"A Brief History：Origins," AT&T, http：//www，corp. att. com/history/historyl. html, accessed January 27, 2016.

［12］Michael A. Noll, "The Bell Breakup @ 15 Years," *tele. com* 4, no. 13（June 21, 1999），http：//www. lexisnexis. com. libproxy. wustl. edu/us/lnacademic/auth/checkbrowser. do?rand＝0. 39 216079013306393&cookieState＝O&ipcounter＝1&bhcp＝1.

［13］《电信法案》允许 AT&T 再次提供本地服务。

［14］Michael G. Rukstad, Tyrrell Levine, and Carl Johnston, "Breakup of AT&T：Project 'Grand Slam'" case study 701127（Boston：Harvard Business School, 2007），5.

［15］Ibid, 11.

［16］Ibid.

［17］Kurt Lewin, *Field Theory in Social Science：Selected Theoretical Papers by Kurt Lewin*（London：Tavistock, 1952），169.

第二章

［1］Gary S. Becker, *The Economic Approach to Human Behavior*（Chicago：University of Chicago Press, 1976）.

注　释

[2] 关于收购回报的实证研究的讨论，参见 Jens Kengelbach and Alexander Roos, *Riding the Next Wave in M&A: Where are the Opportunities to Create Value?* BCG Report (2011); Michael Bradley, Anand Desai, and E. Han Kim, "Synergistic Gains from Corporate Acquisitions and Their Division Between the Stockholders of Target and Acquiring Firms," *Journal of Financial Economics* 21, no. 1 (1988): 3–40; Todd Hazelkorn, Marc Zenner, and Anil Shivdasani, "Creating Value with Mergers and Acquisitions," *Journal of Applied Corporate Finance* 16, no. 2–3 (2004): 81–90.

[3] "赢家的诅咒"，亦称为"皮洛士胜利"。伊庇鲁斯国王皮洛士于公元前280年和279年分别在赫拉克勒亚和阿斯库伦打败了罗马军队，但在获胜的过程中也遭受了巨大的人员伤亡。这两次胜利使得这位国王感叹道："再来一次这样的胜利，我就得一个人回伊庇鲁斯了。"

[4] Michael Bradley, Anand Desai, and E. Han Kim, "Synergistic Gains from Corporate Acquisitions and Their Division Between the Stockholders of Target and Acquiring Firms," *Journal of Financial Economics* 21, no. 1 (1988): 3–40.

[5] 参见 Mark L. Sirower and Sumit Sahni, "Avoiding the 'Synergy Trap': Practical Guidance on M&A Decisions for CEOs and Boards," *Journal of Applied Corporate Finance* 18, no. 3 (Summer 2006): 83–95.

[6] Todd Hazelkorn, Marc Zenner, and Anil Shivdasani, "Creating Value with Mergers and Acquisitions," *Journal of Applied Corporate Finance* 16, no. 2–3 (2004): 81–90.

[7] Sirower and Sahni, "Avoiding the 'Synergy Trap.'"

[8] Hazelkorn, Zenner, and Shivdasani, "Creating Value with Merg-

ers and Acquisitions."

[9] Lubomir P. Litov and Todd Zenger, "Do Investors Value Uniqueness in Markets for Strategy? Evidence from Mergers and Acquisitions," University of Utah working paper (2014).

第三章

[1] 本章所表述的观点得益于同 Lubomir Litov, Mary Benner 及 Patrick Moreton 的合作。参见 Lubomir Litov, Patrick Moreton, and Todd Zenger, "Corporate Strategy, Analyst Coverage, and the Uniqueness Discount," *Management Science* 58, no. 10 (2012): 1797–1815; Mary Benner and Todd Zenger, "The Lemons Problem in Markets for Strategy," *Strategy Science* (即将出版)。

[2] David Lieberman and Matt Krantz, "Is Kraft's 19B takeover of Cadbury a Sweet Deal? Warren Buffet has Doubts," *USA Today*, January 20, 2010.

[3] 参见 "Kraft Split to Unlock Value but Stock Stuck for Now," *Forbes*, December 9, 2011.

[4] 参见 Friedrich A. Hayek, "The Use of Knowledge in Society," *American Economic Review* 35 (1945): 519–530.

[5] James Surowiecki 的畅销书《群体的智慧》(*The Wisdom of Crowds*) (New York: Doubleday, 2004) 充分说明了大众在引导公司行为中的优越性。

[6] Michael C. Jensen and William Meckling, "Theory of the Firm: Managerial Behavior, Agency Costs and Ownership Structure," *Journal of Financial Economics* 3, no. 4 (1976): 305–360.

[7] Akerlof 与 Michael Spence 和 Joseph Stiglitz 共同获得了此奖,后二者为信息经济学的早期发展做出了巨大贡献。

[8] George Akerlof, "The Market for Lemons: Quality Uncertainty

and the Market Mechanism," *Quarterly Journal of Economics* 84 (1970): 488–500.

[9] Brett Trueman, M. H. Franco Wong, and Xiao-Jun Zhang, "The Eyeballs Have It. Searching for the Value in Internet Stocks," in "Studies on Accounting Information and the Economics of the Firm," supplement, *Journal of Accounting Research* 38 (2000): 137–162.

[10] Jeffrey Chaffkin, PaineWebber Research Note on Monsanto Corporation, November 2, 1999.

[11] Harrison Hong, Terence Lim, and Jeremy C. Stein, J. "Bad News Travels Slowly: Size, Analyst Coverage, and the Profitability of Momentum Strategies," *Journal of Finance* 55, no. 1 (2000): 265–295; Pieter T. Elgers, May H. Lo, and Ray J. Pfeiffer, "Delayed Security Price Adjustments to Financial Analysts' Forecasts of Annual Earnings," *Accounting Review* 76, no. 4 (2001): 613–623.

[12] Richard M. Frankel, S. P. Kothari, and Joseph Weber, "Determinants of the Informativeness of Analyst Research," MIT Sloan Working Paper No. 4243–02, (2003), http://dx.doi.org/10.2139/ssrn.304483; Thomas Lys and Sunkyu Sohn, "The Association Between Revisions of Financial Analysts' Earnings Forecasts and Security-Price Changes," *Journal of Accounting and Economics* 13, no. 4(1990): 341–363. 正如 Jensen 和 Meckling 所提出的："证券分析业务的益处体现在公司所有权声明的高资本化价值中……"

[13] Lubomir Litov, Patrick Moreton, and Todd Zenger, "Corporate Strategy, Analyst Coverage, and the Uniqueness Discount," *Management Science* 58, no. 10 (2012): 1797–1815.

[14] Ezra W. Zuckerman, "Focusing the Corporate Product: Securities Analysts and De-Diversification," *Administrative Science Quarterly* 45, no. 3 (2000): 591–619.

[15] Ravi Bhushan, "Firm Characteristics and Analyst Following," *Journal of Accounting and Economics* 11, nos. 2–3 (1989): 255–274. 然而，另一项研究发现，当管理者通过资产分拆策略来应对资本市场压力时，分析师的分析总水平和分析准确度都会提高（例如，准确预测未来业绩的能力）。参见 Stuart C. Gilson, Paul M. Healy, Christopher F. Noe, and Krishna G. Palepu, "Analyst Specialization and Conglomerate Stock Breakups," *Journal of Accounting Research* 39 (December 2001): 565–582。

[16] Litov, Moreton, and Zenger, "Corporate Strategy, Analyst Coverage, and the Uniqueness Discount."

[17] Gilson et al., "Analyst Specialization and Conglomerate Stock Breakups."

[18] Ezra W. Zuckerman, "Focusing the Corporate Product: Securities Analysts and De-Diversification," *Administrative Science Quarterly* 45, no. 3 (2000): 591–619.

[19] 欲了解有关此类投资分析师用处的讨论，参见 Bruce K. Billings, William L. Buslepp 和 G. Ryan Huston, "Worth the Hype? The Relevance of Paid-for Analyst Research for the Buy-and-Hold Investor," *The Accounting Review* 89 (2014): 903–931。

[20] Dan Roberts, "Georgia Pacific decides to leave the spotlight," *The Financial Times*, November 15, 2005, 29.

[21] 不可否认，财务领域越来越多的研究关注高管薪酬的时间维度，然而实际上，首席执行官的薪酬还是与企业在资本市场上的短期价值挂钩。

第四章

[1] 本章的观点主要得益于同 Nick Argyres, Jackson Nickerson, Teppo Felin 及 Lyda Bigelow 的合作。

[2] 参见 Otto Friedrich, *Decline and Fall: The Struggle for Power at a Great American Magazine* (New York: Harper and Row, 1970).

[3] 参见 Friedrich A. Hayek, "The Use of Knowledge in Society," *American Economic Review* 35 (1945): 519–530.

[4] 参见 Oliver Williamson, *The Economic Institutions of Capitalism* (New York: Simon and Schuster, 1985); Benjamin Klein, Robert Crawford, and Armen Alchian, "Vertical Integration, Appropriable Quasi-Rents, and the Competitive Contracting Process," *Journal of Law and Economics* 21, no. 2 (1978): 297–326.

[5] D. H. Robertson, quoted in Ronald Coase, "The Nature of the Firm," *Economica* 4, no. 16 (1937): 386–405.

[6] 以下是对麻省理工学院 Robert Gibbons 的说法的解释:"对成本的控制会导致丧失首创精神。"参见 Robert Gibbons, "Four (Formalizable) Theories of the Firm, *Journal of Economic Behavior and Organization*, 58 (2005): 206。

[7] 欲了解有关本论点的讨论及佐证的研究,参见 Jack A. Nickerson and Todd R. Zenger, "Envy, Comparison Costs, and the Economic Theory of the Firm," *Strategic Management Journal* 29, no. 13 (2008): 1429–1449。

[8] 参见 Paul Milgrom and John Roberts, "An Economic Approach to Influence Activities in Organizations," *American Journal of Sociology* 94 Supplement (1988): S154–S179.

[9] "John Harvard's Journal: 'Extraordinary Bonuses,'" *Harvard Magazine* 106, no. 4 (2004): 69–73.

第五章

[1] Friedrich Hayek, "The Use of Knowledge in Society," *American Economic Review* 35, no. 4 (1945): 519 – 530.

[2] 1987年，日本通产省对这一简单的宣言所做的评价为："日本制造业的竞争优势和实力来自它的外包结构。"引自 Jeffreg H. Dyer 和 William G. Ouchi, "Japanese-Style Partnerships: Giving Companies a Competitive Edge," *MIT Sloan Management Review* 35 (Fall 1993)。

[3] 欲了解更完整的讨论，参见 Dyer 和 Ouchi, "Japanese-Style Partnerships"。

[4] Michael A. Cusumano and Akira Takeishi, "Supplier Relations and Management: A Survey of Japanese, Japanese-Transplant, and U. S. Auto Plants," *Strategic Management Journal* 12, no. 8 (1991): 563 – 588.

[5] EIU Global Executive Survey, Anderson Consulting.

[6] Michael Gerlach, *Alliance Capitalism: The Social Organization of Japanese Business* (Berkeley: University of California Press, 1992); Jeffrey H. Dyer and Harbir Singh, "The Relational View: Cooperative Strategy and Sources of Interorganizational Competitive Advantage," *Academy of Management Review* 23, no. 4 (1998): 660 – 679.

[7] 参见 Internet World Stats: Usage and Population Statistics, www. internetworldstats. com.

[8] Mark Doms, "The Boom and Bust in Information Technology Investment," *FRBSF Economic Review* (2004): 19 – 34.

[9] 例如，在我和 Dan Elfenbein 一起进行的针对竞标的最大用户的调查中，只有一半的情况下出价最低的竞价者被选中。

[10] 科尔尼咨询公司（AT Kearney）的一份报告指出，标准采购方

法可以让买家和一个领域 25% 的关键供应商产生互动，而竞标方式可以让买家接触 98% 的供应商。参见 Olivia Korostelina, "Online Reverse Auctions: A Cost-Saving Inspiration for Businesses," *Dartmouth Business Journal* （2012 年 3 月）。

[11] 麻省理工学院的 Eric von Hippel 是这一立场最积极的支持者。

[12] Kevin J. Boudreau Karim R. Lakhani, "Using the Crowd as an Innovation Partner," *Harvard Business Review*, April 2013.

[13] Hayek, "The Use of Knowledge in Society."

[14] 参见 Daniel Elfenbein and Todd Zenger, "Creating and Capturing Value in Repeated Exchange Relationships: Managing a Second Paradox of Embeddedness," Olin Business School Working Paper, 2016.

[15] Ibid.

第六章

[1] 本章观点主要得益于同圣路易斯的华盛顿大学 Jackson Nickerson 的长期学术合作。参见 Jack A. Nickerson and Todd R. Zenger "Being Efficiently Fickle: A Dynamic Theory of Organizational Choice." *Organization Science* 13 (2002): 547–566; and Peter Boumgarden, Jack A. Nickerson, and Todd R. Zenger, "Ambidexterity, Vacillation, and Organizational Performance," *Strategic Management Journal* 33 (2012): 587–610.

[2] Hewlett-Packard. 1998. Annual Report. Thompson Research. 参见网址 http://research.thomsonib.com/.

[3] Eyal Ophir, Clifford Nass, and Anthony D. Wagner, "Cognitive Control in Media Multitaskers," *Proceedings of the National Academy of Sciences of the United States of America* 106, no. 37 (2009): 15583–15587.

［4］Sylvain Charron and Etienne Koechlin,"Divided Representation of Concurrent Goals in the Human Frontal Lobes," *Science* 328, no. 360 (2010): 360-363.

［5］有趣的是，在日本平衡计分卡的先驱 Hoshin Kanri 中，任何给定时间的新方案仅限于一到两个。引自 Sendil K. Ethiraj and Daniel A. Levinthal, "Hoping for A to Z While Rewarding Only A: Complex Organizations and Multiple Goals," *Organization Science* 20, no.1 (2009): 4-21。

［6］Michael Jensen 更准确地评价道："逻辑上，不可能同时最大化一个以上的目标，除非多个目标之间是彼此单调转换的。"Michael C. Jensen, *Foundations of Organizational Strategy* (Cambridge, MA: Harvard University Press, 2001)。

［7］此后，它被经济学家 Bengt Holmstrom 和 Paul Milgrom 正式定性为一个多任务问题。参见 Bengt Holmstrom and Paul Milgrom, "Multi-task Principal-Agent Analyses: Incentive Contracts, Asset Ownership and Job Design," *Journal of Law, Economics, and Organization* 7 Special Issue (1991): 24-52.

［8］Ethiraj and Levinthal, "Hoping for A to Z."

第七章

［1］Robert Kabocoff, "Develop Strategic Thinkers Throughout Your Organization," *Harvard Business Review*, February 7, 2014, https://hbr.org/2014/02/develop-strategic-thinkers-throughout-your-organization.

［2］Eric Ries, *The Lean Startup: How Today's Entrepreneurs Use Continuous Innovation to Create Radically Successful Businesses* (New York: Crown Publishing Group, 2011).

［3］Popper 于 1991 年的一次演讲中提出了这一说法，这也成为他逝

注　释

世后出版的文集的标题。参见 Karl Popper, *All Life is Problem Solving* (New York: Routlege, 1999)。
[4] 有趣的是，诺贝尔经济学奖获得者将战略描述为"问题表示"。参见 Herbert Simon, "Bounded Rationality and Organizational Learning," *Organization Science* 2, no. 1 (1991): 125–134.
[5] 引自 Dwayne Spradlin, "Are You Solving the Right Problem?" *Harvard Business Review*, September 2012, https://hbr.org/2012/09/are-you-solving-the-right-problem.
[6] 这是 Ben Horowitz 在 Product Hunt 的采访中发表的观点。本条引言及其他引言见于 "Ben Horowitz's Best Startup Advice," Product Hunt, 2015–9–10, https://www.producthunt.com/live/ben-horowitz.
[7] 参见 Serge Moscovici, *Social Influence and Social Change* (London: Academic Press, 1976); and Serge Moscovici, "Toward a Theory of Conversion Behavior," *Advances in experimental social psychology* (ed. L. Berkowitz) 13 (1980): 209–239.
[8] Jay Conger, "The Necessary Art of Persuasion," *Harvard Business Review*, May-June 1988.
[9] 引自 Peter Quantrill, "Hammer of the Gods," *Gramophone*, January 2008.

Beyond Competitive Advantage: How to Solve the Puzzle of Sustaining Growth While Creating Value

by Todd Zenger

Original work copyright © 2016 Todd Zenger

Published by arrangement with Harvard Business Review Press

Simplified Chinese translation copyright © 2019 by China Renmin University Press.

All Rights Reserved.

图书在版编目（CIP）数据

超越竞争优势：新时期的持续增长战略/（美）托德·曾格（Todd Zenger）著；郭海译.—北京：中国人民大学出版社，2019.3
书名原文：Beyond Competitive Advantage: How to Solve the Puzzle of Sustaining Growth While Creating Value
ISBN 978-7-300-23669-8

Ⅰ.①超… Ⅱ.①托… ②郭… Ⅲ.①公司-企业管理-战略管理-研究 Ⅳ.①F276.6

中国版本图书馆CIP数据核字（2016）第283524号

超越竞争优势
新时期的持续增长战略
［美］托德·曾格（Todd Zenger）　著
郭　海　译
Chaoyue Jingzheng Youshi

出版发行	中国人民大学出版社		
社　　址	北京中关村大街31号	邮政编码	100080
电　　话	010-62511242（总编室）	010-62511770（质管部）	
	010-82501766（邮购部）	010-62514148（门市部）	
	010-62515195（发行公司）	010-62515275（盗版举报）	
网　　址	http://www.crup.com.cn		
	http://www.ttrnet.com（人大教研网）		
经　　销	新华书店		
印　　刷	北京联兴盛业印刷股份有限公司		
规　　格	145mm×210mm　32开本	版　次	2019年3月第1版
印　　张	6.125 插页2	印　次	2019年3月第1次印刷
字　　数	104 000	定　价	56.00元

版权所有　侵权必究　印装差错　负责调换

经典阅读

新商业文明——从利润到价值

[美] 乌麦尔·哈克 著

张瑞敏、项兵、加里·哈默联袂推荐，亲笔作序

经济转型时期，企业家精神和战略思维的必修课

内容简介：

在经历了超高速的经济增长后，中国经济步入转型期，为了维持增长，企业有必要构建一种新型的经营理念，更加关注真实的价值创造而非仅仅关注股东利益，这是企业获得更高水平的优势从而持续获利的必然道路。书中作者描述了一幅未来商业的蓝图，从损耗优势、响应性、弹性、创造力、意义、建设性战略六个侧面告诉我们如何构建新型的经营理念。

企业生命周期

伊查克·爱迪思 著

一本管理经典，在创新创业的时代背景下，焕发出新的商业智慧。

内容简介：

爱迪思博士在研究辅导过上千家企业后，写出了《企业生命周期》一书，他以系统的方法巧妙地把一个企业的发展比作一个像人和生物那样的生命体，爱迪思生动准确地描述了每个阶段的特征，并提出相应的对策，揭示企业发展的基本规律。书中所写的一个个解决方案，让今天的我们读起来豁然开朗。通过阅读本书，大多数CEO可以从中看到他们自己、他们的公司是如何被生动刻画和描述的。对这一切进行深入研究会让你避免很多类似的失误。